中学生心理健康教育系列教材

成长心路

初一分册

《成长心路》编委会 主编

中国人民大学出版社
·北京·

编委会主任简介

刘彭芝：中国人民大学附属中学联合学校总校、中国人民大学附属中学校长，国务院参事，国家教育咨询委员会委员，创新人才教育研究会会长，中学数学特级教师，大学研究员，博士生导师。她先后荣获全国先进工作者、全国教育系统先进工作者、全国五一劳动奖章、全国三八红旗手、全国先进女职工等多项荣誉称号。她还获得由中华人民共和国国务院颁发的“网络教育关键技术及示范工程”国家科学技术进步二等奖、中国福利会颁发的“宋庆龄樟树奖”，2015 年入选第五届世界杰出“华人榜”，其个人专著《人生为一大事来》获得由中华人民共和国教育部颁发的第四届全国教育科学研究优秀成果奖二等奖。在她的带领下，人大附中成为“国内领先，国际一流”的世界名校，于 2014 年获得首届基础教育国家级教学成果一等奖和全国社会扶贫先进集体称号。她积极推动人大附中心理健康教育的创立与发展，力主《成长心路》系列教材的编撰与出版。

石丹理：香港理工大学协理副校长和应用社会科学系讲座教授，华东师范大学顾问教授，澳门镜湖护理学院荣誉教授，香港心理学会院士。他从事社会工作教育近 30 年，曾担任香港中文大学新亚书院辅导长和通识教育主任。已出版专著 120 本，发表书籍文章 228 篇、国际学术期刊文章 500 余篇。他现任《青少年研究杂志》（*Journal of Youth Studies*）和《生命质量应用研究》（*Applied Research in Quality of Life*）总编辑和多个国际学术期刊的副总编辑、编辑顾问、编辑委员会委员。其研究范围包括青少年正面发展、家庭过程、成瘾问题等，2007 年获香港中文大学研究卓越奖。过去 10 年，他主导带领“共创成长路”计划。石教授现为香港特区政府家庭议会主席，也曾出任包括禁毒常务委员会主席在内的特区政府的多个咨询机构委员，并先后于 2000 年和 2013 年获特区政府颁授的铜紫荆星章和银紫荆星章。

蔡元云：青年发展基金会长、突破汇动青年会长。1971 年毕业于加拿大曼尼托巴医学院，获医学博士学位，学成后回到中国香港于播道医院行医。当时，因感香港青少年的困境和需要，于 1973 年创办突破机构，1976 年再往美国三一国际大学攻读心理辅导专业，学成后回到中国香港继续参与青年工作至今。1994 年被香港政府授予“太平绅士”荣衔，于 2001 年被香港浸会大学颁授荣誉社会科学博士学位，并于 2006 年被华东师范大学授予名誉教授称号；2008 年接受四川大学华西临床医学院邀请作为心理卫生中心名誉顾问。蔡医生多年来积极参与社会事务，曾获邀加入香港特区政府的中央政策组，也曾被委任为青年事务委员会主席、禁毒常务委员会主席等。2015 年被香港特区政府委任为“优质师友计划工作小组”主席。著有多本有关青少年成长及培育青年人的书籍，包括《生命影响生命》、《从未遇上的父亲》、《改变由我开始》等。

前言 preface

《成长心路》中学生心理健康教育系列教材共三册，即初一年级分册、初二年级分册和高一年级分册。该教材以积极心理学为指导、以“体验式教学”为主旨，遵循各年级学生的心理发展规律，在相同的主题下设计不同教学活动，引导学生通过感知、感悟获得成长，在体验和反思中提升心理健康素质。针对我国中学生的特点，共选取了13个主题，包括良师益友、情绪的控制与表达能力、认知能力、自我效能感、抗逆力、生命理解、建立目标和抉择的能力、分辨是非的能力、自主能力、明确而积极的自我认同、处理社交难题的能力、遵守社会规则、参与公益活动，各主题都设计了两个课时的教学活动。

《成长心路》以中国人民大学附属中学20多年心理健康教育教学实践和中国香港“共创成长路”青少年培育计划为基础，经《共创成长路》主编石丹理教授同意并授权，并得到了北京市教委共建项目“中外学生灵感与心智健康训练课程体系应用研究”的支持。在中国人民大学附属中学与香港青年发展基金合作下，经过四年多的调研评估、教学实践后精心打磨而成。《共创成长路》由香港赛马会慈善信托基金赞助，由香港理工大学、香港城市大学等多个大学相关院系合作开发。在此，向《共创成长路》编辑团队的全体成员表示诚挚的敬意，他们是：石丹理、马庆强、李德仁、刘兆瑛、曾洁雯、孙翠芬。

本书编写组

2016年3月10日

目录 contents

contents

目录

介 绍 课

本课概述

本课目的：使学生对“成长心路”有初步的认识，提升他们参与课程的积极性。

本课流程：

1. 【导入】教师自我介绍及课程介绍。
2. 【活动一：学生自我介绍】增加老师对学生的认识。
3. 【活动二：分组】通过活动，完成分组，建立归属感。
4. 【活动三：期望卡】讨论课程规则，表达对课程的期望。
5. 【总结与反思】回顾本课内容，总结个人收获。

教学目标

1. 使学生初步了解教师，了解课程的主要内容。

2. 通过与教师、同伴的互动，初步建立与课堂的联结感，体验自主性、增强投入感。

教学重点

1. 了解任课教师及课程内容。
2. 完成分组，为今后在课程中开展小组活动做准备。
3. 建立课程规则。

教学准备

1. 白纸若干。
2. 分组活动资料。
3. 期望卡。

教学过程

活动	步骤	教学工具	时间
导入	1. 教师自我介绍，使学生对老师有初步的认识。 2. 课程介绍。 （1）课程背景：本课程以积极心理学为指导，希望培养和认同学生各方面的能力，加强学生与他人的联系，使其建立健康的人生信念、制定清晰的人生目标，促进青少年正面成长。 （2）课程内容：共 13 个主题，每个主题两课时。主题分别为：良师益友、情绪的控制与表达能力 、认知能力、自我效能感、抗逆力、生命理解、建立目标和抉择的能力、分辨是非的能力、自主能力、明确而积极的自我认同、处理社交难题的能力、遵守社会规则、参与公益活动。 （3）教学形式：体验式、小组活动教学。 “体验式学习”也叫“经验学习”（experiential learning）。与传统教学方式最大的区别是，从以“教师”为主体变为以“学生”为主体，强调“在做中学”。		5 分钟
活动一：学生自我介绍（增加老师对学生的了解）	学生自我介绍的形式由老师自行决定，可以通过游戏的方式进行。比如，每位同学写下三个自己的特征，由老师收上来，逐一宣读，请大家猜猜看；或者让学生围成一个圆圈，老师课前准备一个毛绒玩具，将毛绒玩具投给谁，谁就进行自我介绍，再由该同学投出玩具，邀请还没有自我介绍过的同学，请老师留意，确保每一位同学都受到邀请。		10 分钟

续前表

活动	步骤	教学工具	时间
活动二：分组	1. 本课程假设每班学生为40人，建议将学生分成8组，每组5人，以方便进行小组活动。根据教学需要也可临时将小组两两合并，全班变为四个大组。 2. 除了附件1提供的分组活动“色彩拼图”，网上还有很多游戏都可以用来分组，如默契报数、生日线等等。也可以指定教室区域，不需挪动座椅将学生分组。 3. 老师可以与学生一起为日后课堂分组定下时间限制，比如：在老师数完20个数，请同学们按小组坐好。 4. 各小组为自己的小组命名、创编口号、制作小组名册，以此提升小组士气，小组名册也可帮助老师对学生进行过程性评价。	白纸、分组活动资料	15分钟
活动三：期望卡（讨论课程规则、个人期望）	1. 讨论课程规则，内容建议：课堂应有的秩序、参与课堂应有的态度、与组员和老师应如何合作等。 2. 发放期望卡，请学生写下对课程的期望，内容建议：期望学到或体验到什么、期望自己与组员和老师的关系、承诺以什么态度参与课堂。 3. 完成后，交给老师。	附件2：期望卡	8分钟
总结与反思	1. 总结这堂课的目的。 2. 鼓励学生以积极的态度一起走过“成长心路”的历程。		3分钟

附件 1

分组活动 “色彩拼图”

制作色彩卡片

1. 将心形图案（如上图）复印在不同颜色的 A4 彩纸上，剪裁下来，再将心形图案剪成不规则的几片，制作成色彩卡片。

2. 假设每班学生为 40 人，建议将学生分成 8 组，每组 5 人。以此数目为例，教师需准备 8 种颜色的彩纸，每个心形图案剪成 5 张，制作完成 40 张色彩卡片。

3. 可选择较厚的彩纸进行制作，反复使用。根据各班人数将个别颜色的心形图案剪成 4、5、6 张，稍作调整。

活动过程

1. 教师将准备好的色彩卡片发放给学生，每人一张。

可请几位同学分享自己拿到的色彩卡片有何特点，对他们的洞察力和想象力给予鼓励。

2. 引导分组。

相同颜色的卡片，都可以拼成一个图形，请同学们找同伴，相同颜色卡片的同学围坐在一起。

附件 2

期望卡

主题一

良师益友

人从出生开始便经历不同类型的人际联系，例如，与父母、兄弟姐妹、同学、朋友及老师的联系等等。在遭遇逆境、经历挫折时，如学习成绩不佳、行为不被老师和同伴接纳、家庭遇到困难、健康状况不佳等，如果身边有可以信任的师长和朋友，通过他们的支持，再加上自身的努力，我们就有可能将困难转化为成功的经验。心理学研究指出，如果青少年能与身边的人维持良好的联结，就会有较好的自我形象、自信心、解决问题的能力，以及人际沟通的技巧。

学生在学校里生活和学习，与老师和同学建立亲密而相互信任的关系可提高他们的自信心及对学校的归属感。对刚入学的初一学生而言，教师鼓励他们主动与师长朋友建立信任的关系，学会信任别人，对他们日后的生活学习有巨大帮助。

在人际交往中，不仅需要学会信任，学生个人的性格对其人际关系的影响也至关重要。教师应正确引导学生认识自身性格及探讨其对人际关系的影响，帮助他们完善自己的性格，从而更好地与身边的老师同学建立亲密关系。

第一课 结伴同行

本课概述

本课目的： 帮助学生建立互相信任的友谊。

本课流程：

1.【导入】回顾和强调课程约定，引入朋友和友谊话题。

2.【活动一：友情一线牵】讲述盲人长跑员和领跑员的故事，组织学生体验盲行活动。

3.【活动二：友谊探热针】学生填写问卷，了解自己和同学的交友观。

4.【总结与反思】回顾本课关于友谊和信任的活动，鼓励学生在日常生活中主动建立信任关系。

5.【延伸活动：亲情探热针】帮助学生加强与父母之间的联结。

教学目标

1. 了解师长朋友的支持和信任在成长过程中的重要性。

2. 通过体验活动，明白朋友间相互信任的意义及言行对信任关系的影响。

3. 加深老师与学生之间的认识，使学生之间建立互相信任的友谊。

4. 通过课后作业，帮助学生与家长进行沟通，促进亲子关系。

教学重点

1. 引导学生积极投入活动，通过引导和提问使学生获得更充分的情感及认知体验。

2. 通过“友谊探热针”的交流分享，更多认识自己和同学。

教学难点

1. “友情一线牵”活动的安排、组织和细节设计。
2. 营造让学生感到安全、愉快的课堂氛围。

兴 趣 点

在“友情一线牵”活动中，学生很乐意体验盲行的助人及被帮助的感觉，教师可视实际情况满足学生的需求，在保证安全的同时适当增加路程。

教学准备

1. 《尹约基和基宾雅的故事》。
2. 眼罩（每人一个）。
3. “友谊探热针”学生页（每人一张）。
4. 学生按小组围坐。
5. “亲情探热针”学生页（每人一张）。

教学过程

活动	步骤	教学工具	时间
导入	教师导语：同学们，我们又见面啦！我很期待见到你们，你们是不是也是呢？在上课之前，我想考考大家，看看谁还记得我们上堂课一起讨论出来的课堂约定呢？ 课堂约定：保密原则、互相尊重、真诚交流、积极参与等等。 教师语：今天我们这节课的名字叫“结伴同行”，是关于友谊的。		1分钟

续前表

活动	步骤	教学工具	时间
导入	你的生命中，有没有那么一个人能让你特别信任，能在你失落的时候陪伴你、安慰你，在你高兴的时候以你为豪，为你骄傲？ 同学发言。 教师语：我们来看下面这两位的故事。		1 分钟
活动一：友情一线牵（学生体验友谊、建立信任）	1. 盲人长跑运动员和领跑员的故事。 教师语：看残奥会让人激动，让人感动，我们能看到残疾人是怎样以顽强拼搏的精神参加各项比赛的。同学们有没有看过盲人选手的长跑比赛？有没有想过他们看不见，是怎样能够围着 400 米的跑道一圈又一圈地跑下来的呢？有同学知道吗？……对，盲人长跑运动员是在一位领跑员的引导下跑完的。这个领跑员是要同盲人运动员一起跑完全程，领跑员是幕后的无名英雄。下面我们一起了解一位残奥会盲人长跑冠军尹约基和他的领跑员基宾雅的故事。（详见附件 1） 2. 活动介绍。 教师语：大家都为尹约基和基宾雅深厚的友情感动，那你愿意亲身体会一下他们之间的信任、默契和友情吗？ 教师强调活动规则、人身安全，并发给学生们眼罩。教师将学生带至室外，根据学校场地实际规划盲行路线。 （1）学生两人一组，其中一人戴上眼罩，另外一位同学以言语引导蒙着眼睛的同学走一段路程。 （2）角色互换，之前戴眼罩的同学改为搀扶或者牵拉另外一位同学，而之前言语引导的同学则改为戴上眼罩体验盲人行走。 要求带领者在带领过程中思考以下问题： （1）你现在是助人者，你如何用你的方式，带领同伴，帮助他感受他周围的世界？ （2）注意自己的态度，并用心体会帮助人的时候是什么感觉？ （3）对你来说帮助一个人是否有负担？需要很大的努力？ （4）告诉同学在当盲人的时候，让他们尽可能真实地假设自己是盲人的感觉，让他们体会自己处于一个弱者地位的时候，被人帮助的感觉。	附件 1：尹约基和基宾雅的故事； 眼罩	30 分钟

续前表

活动	步骤	教学工具	时间
活动一：友情一线牵（学生体验友谊、建立信任）	（5）你是否会由于种种原因，在接受别人的帮助的时候感到为难？原因是什么？ （6）你感觉到别人手心的温度了吗？是否感到他人的支持使你有安全感？ 3. 引导分享。 （1）在整个活动中，你最深刻的感受是什么？ （2）当你戴上眼罩时，你能否信任你的同伴？你对带领的同学的信任程度有多少？ （3）如果游戏重来一次，你将怎么做来提高别人对你的信任呢？ 4. 小结。 教师语：信任给我们力量和温暖，信任是人际联系中不可缺少的元素。在我们日常生活中，我们不妨尝试多去信任别人，并主动给予别人信任，也许我们的生活会更加快乐和美好！ 教师对学生合作表现给予鼓励及赞赏。	附件1：尹约基和基宾雅的故事； 眼罩	30分钟
活动二：友谊探热针（帮助学生认识自我和他人）	1. 教师导语：信任往往是在交往的过程中，通过对彼此的了解建立起来的，下面我们通过一个简单的小问卷，来了解一下自己和同学。 2. 学生填写“友谊探热针”。 （1）发放学生页。 （2）引导学生填写：给大家3分钟的时间，请同学们在认为最合适答案的□内画“√”，答案没有对错之分。 （3）观察学生完成情况。 3. 引导分享。 教师语：请同学们在小组内交流，说说自己选择该答案的原因。请同学们认真地倾听，看看大家是怎样选择的，让我们彼此了解。 老师注意观察，鼓励大家真诚分享，也可主动与学生交流，表达对每位同学的关心。 4. 分值计算。 教师语：请同学们看PPT，刚才大家完成的“友谊探热针”是可以算出一个得分的，即“容易相处指数”。下面有1分钟的时间，让大家算出自己的分数。 老师可强调，“容易相处指数”只是一个参考，帮助大家了解自己在日常生活中是否有需要做出改善的方面，期望同学们更健康地成长。	附件2：“友谊探热针”学生页	7分钟

续前表

活动	步骤	教学工具	时间
总结与反思	教师语：通过“友情一线牵”的体验活动，大家分享了信任和被信任的感受；通过“友谊探热针”的小问卷，大家对自己和别人有了一些新的认识。人生路途中，在不同的阶段我们会结识不同的朋友，非常快乐美好！让我们为今天与我们同行的小组成员送出“爱的鼓励”（鼓掌）！		2分钟
延伸活动：亲情探热针（提升与家人相处质量）	在课堂结束后填写个人学生页，即“亲情探热针”，学生计算自己与家人相处的“愉快指数”。填写过后与家人分享问卷结果或就分数较低的项目作出改善。	附件3：“亲情探热针”学生页	

附件 1

尹约基和基宾雅的故事

亨利·尹约基，提起这个响当当的名字，在肯尼亚无人不晓。尹约基 21 岁时因中风失明。风华正茂的年纪，刚刚加入肯尼亚国家队预备队的他不得不放弃靠跑步改变命运的梦想。整整 3 年，尹约基把自己关在小黑屋里不肯见人，他怀疑自己还有没有活下去的必要，自杀念头像噩梦一样困扰着他。尤其是当三三两两的少年边跑边笑地经过他家的铁皮小屋时，尹约基更是承受着难挨的刺激，他知道那些是在田间练习跑步的肯尼亚少年，他自己也曾是他们中的一员。

他自小的玩伴、在一个村子里长大的约瑟夫·基宾雅耐心地劝解他，终于尹约基同意搬到康复中心居住，在那里他从体育老师处得知，盲人也可以参加奥运会，他的希望之火重燃，于是恢复训练。

2000 年悉尼奥运会的生活引燃了尹约基的生活，是他事业的里程碑。尹约基入选了肯尼亚代表队并在残奥会上一鸣惊人，尹约基发现了自己原来可以比看得见的人跑得更快，甚至其他选手不相信他失明，直到接受重新检验后才获得颁奖。2000 年悉尼残奥会是尹约基生命中新的起跑线，他夺得了盲人 5 000 米冠军，成为首位荣登该宝座的非洲人。几个月后，肯尼亚前总统莫伊为他颁发了“终极勇士奖”，尹约基正式被“册封”为肯尼亚的民族英雄。

2004 年雅典残奥会期间尹约基以打破世界纪录的优异成绩赢得 5 000 米（15 分 11 秒）和 10 000 米（31 分 37 秒）双料冠军。

无论走到哪儿，尹约基都有一个高他一头的影子——他的导跑员基宾雅。他们是在一个村子里长大的小伙伴、好朋友，在尹约基失明之后，基宾雅做了一个需要勇气的决定：一辈子都做尹约基的眼睛，跑道上的、跑道外的。

作为一名导跑员，基宾雅要跑得与运动员一样快，基宾雅刻苦练习，还会一天戴上眼罩不摘，体验一下盲人生活，从中琢磨怎样做才能让拍档完全地信任自己。两人之间还要练习相互配合，步幅以及甩臂幅度、方向尽量保持一致，在比赛中，基宾雅还要根据对手位置帮助尹约基做出判断并制定战术，在训练中，两人经常还会高歌一曲用以解闷和互相鼓励，家乡的乡间小道上经常回荡着他们嘹亮的歌声。

在生活中的基宾雅，也把尹约基照顾得无微不至。基宾雅像照顾自己一样照顾尹约基。基宾雅唯一不与尹约基分享的是奖牌、荣耀，他的奔跑速度与冠军是一模一样的，但是从不计入成绩。在新闻发布会上记者问他：“你的心里有不平衡吗？”

基宾雅摇摇头："我很享受！"

尹约基抢着替他说："他跑不了！"说着，他就从口袋里掏出一条用 3 根鞋带编成的"麻花辫"，"一头套着他，一头套着我，我把他套牢了！"原来，无论是比赛还是训练，他们都各执绳子的一端，彼此感知。"马拉松的征途是孤独而又漫长的，有了这样一个好伙伴，比自己长了眼睛还好使！"

附件2

“友谊探热针” 学生页

请在每道题后面选择最符合你自己的情况，并打钩。

	很少	少	普通	多	很多
1. 运动的习惯，如球类活动、游泳等					
2. 闲暇时与朋友一起，参加各种有益身心的活动					
3. 储蓄及节俭					
4. 自我检讨					
5. 关心朋友					
6. 有稳定的朋友					
7. 学习新知识					
8. 面对及解决问题					
9. 发脾气					
10. 信任朋友					

容易相处指数：共　　分

计算方法

很少：1分　少：2分　普通：3分　多：4分　很多：5分（除第9题以外的所有题）

很少：5分　少：4分　普通：3分　多：2分　很多：1分（第9题）

附件3

“亲情探热针” 学生页

请在每道题后面选择最符合你自己的情况，并打钩。

	很少	少	普通	多	很多
1. 留在家里					
2. 与家人相处的时间					
3. 与家人有共同的兴趣					
4. 关心家人					
5. 家人关心你					
6. 父母对自己有期望					
7. 父母了解自己的感受					
8. 家人尊重自己的意见和决定					
9. 父母之间有争吵					
10. 父母向自己发怒					

与家人相处愉快指数：共　　分

计算方法

很少：1分　少：2分　普通：3分　多：4分　很多：5分（第1至8题）

很少：5分　少：4分　普通：3分　多：2分　很多：1分（第9至10题）

第二课 性格的力量

本课概述

本课目的：帮助学生认识自身性格及性格对人际关系的影响。

本课流程：

1.【导入】用经典人物引出性格的概念，引导学生认识到不同人物存在性格差异。

2.【活动一：不受欢迎十大言行】学生从 20 名人物的话语中选出 10 种他们最不喜欢的言行。

3.【活动二：三人行】学生讨论故事中主角的性格和他/她的人际关系特征。

4.【活动三：送出我的鼓励】学生互相鼓励，欣赏别人的性格，肯定自己性格中好的部分。

5.【总结与反思】指出性格在人际关系中的重要性，鼓励学生不要过分好斗，也不宜过分被动。

6.【延伸活动：神奇转变】学生于附件 1 中选择 10 种不受欢迎的言行，然后将它们转化为“我好，你也好”原则下的受欢迎言行。

教学目标

1. 提升学生对自我性格的认识，并探讨性格对人际关系的影响。
2. 了解三种不同类型的性格。
3. 鼓励学生保持并发展自己好的性格，既不过分好斗，也不过分被动。

教学重点

1. 通过表演“不受欢迎言行”，使学生对性格影响人际关系有真实的感受。
2. 讲解性格的类型，引导学生自我反思，鼓励学生完善自己的性格。

教学难点

1. 引发学生认识自己的性格类型并予以完善。

2. 引导学生发现身边同学性格中值得欣赏的特征，真诚地写在“鼓励卡”上，避免“鼓励卡”流于形式。

兴趣点

1. 表演“不受欢迎十大言行”时，学生比较愿意尽情表演和发挥。

2. 学生通常会对写“鼓励卡”有所期待，也渴望得到别人的反馈。

教学准备

1. 卡通人物头像。

2. “20 种不受欢迎言行”学生页（每组一张）。

3. “三人行”资料。

4. “性格类型”学生页（每人一张）。

5. 鼓励卡（每人两张，建议彩纸）。

教学过程

活动	步骤	教学工具	时间
导入	在 PPT 上呈现学生熟知的《西游记》中的四个主要角色的图片：唐僧、孙悟空、猪八戒、沙僧。请同学们一看到图片就马上想出形容词来形容他们，我眼中的“他”是……（唐僧：善良、懦弱；孙悟空：聪明、自视甚高；猪八戒：贪吃、好色；沙僧：老实、忠厚）。 教师引导学生发现他们所说的形容词都是或者大部分都是与这些人物的性格有关，继续引发他们思考，如何判断这些人物的性格。	卡通人物头像	3 分钟

续前表

活动	步骤	教学工具	时间
导入	引发讨论后，教师引出“性格”的含义：性格是人对现实的态度及行为方式中较稳定的个性心理特征。性格主要体现在对自己、对别人、对事物的态度和所采取的言行上。	卡通人物头像	3分钟
活动一：不受欢迎十大言行（认识不受欢迎行为的共性）	1. 在20种言行中选出10种最不喜欢的言行。 教师向每小组发放一张“20种不受欢迎言行”学生页。小组成员共同讨论，选出本小组最不喜欢的10种言行，并将自己小组的选择写在黑板上。 教师请学生一起找出大家选择较多的言行的共性，并告知大家图片中人物性格的分布：好斗型是1、2、3、5、6、8、9、11、12、13、14、15、17、18、19、20；被动型是4、7、10、16。学生多会选择好斗型言行，教师引导学生讨论好斗型性格如何影响人际关系，并请学生谨记，如果他们认为某些言行让自己感到不高兴，自己就应该避免对别人说同样的话（己所不欲，勿施于人）。 2. 角色扮演。 介绍人际交往的口诀：“我好，你不好”、“我不好，你好”、“我好，你也好”。 请每组学生在选出的10种不喜欢的言行中挑选一种，设计情景表演出来，请学生在观看的同时用心体验。回应：剧中人物是一个怎样的人？受朋友欢迎吗？有没有考虑别人的感受？属于“我好，你不好”、“我不好，你好”、“我好，你也好”中的哪一种？ 3. 适宜地表达。 请学生一起来对不受欢迎的言行进行修改，使其符合“我好，你也好”的原则，并进行小组分享。 例如，不受欢迎言行：都怪你忘带球了，现在大家都没得玩了！（“我好，你不好”） 修改：真遗憾，你忘记带球，不过谁都有忘事的时候，我们玩点儿别的吧！ 4. 小结。 教师对学生表演及适宜表达给予鼓励及赞赏，指出大家在人际关系中要争取符合“我好，你也好”的原则。	附件1：20种不受欢迎言行	20分钟

续前表

活动	步骤	教学工具	时间
活动二：三人行（认识不同的性格类型）	1. 教师导语：性格有哪些类型呢？我们通过三个故事来了解一下。 读小丽、小强和小明的故事，讲解他们所代表的三种典型性格类型的特征和人际关系（受朋友欢迎吗？有没有考虑别人的感受？有没有考虑自己的感受？是一个怎么样的人?）：好斗型（Aggressive）、被动型（Passive）、兼顾型（Assertive）。 2. 自我反思。 教师可适当地自我袒露自己对性格的反思，并引导学生思考：自己与哪种性格相似？为什么？ 3. 小结。 教师语：这三类性格只是极端的设计，其实大部分人不是只有一种性格，而会随不同情况表现出不同个性。个人性格在人际关系上扮演着重要的角色，过分好斗或被动的性格都可能导致不良的人际关系，让我们在处理人际关系上学习“兼顾型”性格。	附件 2：“三人行”资料；附件 3：“性格类型”学生页	10 分钟
活动三：送出我的鼓励（学会欣赏别人好的性格）	发放鼓励卡，请每位同学给左右两边的同学各写一张鼓励卡，引导同学们发现身边同学性格中值得我们欣赏的优点。请愿意分享的同学分享他写给身边同学的鼓励内容，大家一起鼓掌。 【说明】在学生写鼓励卡时，教师需注意观察学生反应，避免过于调皮的学生借机嘲弄其他学生。	附件 4：鼓励卡	7 分钟
总结与反思	教师语：我们每个人都是独特的，都有我们自己典型的性格特征。而性格对我们的人际关系十分重要。我们一起认识自己的性格，符合“我好，你也好”的地方就继续保持，如果发现自己的一些性格特征对人际关系有负面的影响，可以找朋友或师长交谈，从而改善相关的情况。		2 分钟
延伸活动：神奇转变	教师邀请学生从附件 1 中挑选 10 种不受欢迎的言行，然后将它们转化为“我好，你也好”的言行。		

附件 1

20 种不受欢迎言行

1. 都怪你忘带球了，现在大家都没得玩了！ 	2. 你又迟到了？不要每次都要我等你好不好?! 	3. 怎么你这么没有用呢！每次测验都这么低?! 看我都得80分呢！ 	4. ……（在人面前经常沉默） 
5. 我还是觉得我的意见比较好！ 	6. 你没有叫他一起出来吗？有没有搞错？那我也不去了！ 	7. 呃……好啦……你说了算吧…… 	8. 我现在很想去逛街，你是不是不想陪我啊？ 
9. 如果不是你，我们就不会输了！ 	10. 我想我还是没空……你还是不要算上我这一份了…… 	11. 我说了我现在想看电视，你等我一会儿不行吗?! 	12. 你这么没有用，不用试就知道你不行的，不用试了！ 
13. 把书拿过来给我！ 	14. 我一点也不喜欢这支笔，一点也不好看，给你好了！ 	15. 那又怎么样？不记得怎么了?! 	16. 嗯……不知道……嗯……应该可以吧……嗯……（低着头说） 

17. 这个人整天一声不吭，不要理他了！ 	18. 你看我多棒，有我肯定赢啦！ 	19. 跟反应快不快没关系，根本上他整个人就有问题！ 	20. 那支笔是我的，还给我！ 

附件 2

“三人行” 资料

小丽是初一年级的学生，平时说话大声和率直。有一天，小丽在学校小卖部买了一瓶饮料，转身的时候，不小心撞到身边的一位同学，而且把饮料打翻在这位同学的衣服上。小丽不但没有道歉，还责怪这位同学怎么不小心打翻了她的饮料，而且她还要求这位同学赔偿一瓶饮料给她。

小强平时说话细声细气的。有一天中午休息的时候，他和往常一样到小卖部去买零食，小强的同班同学突然要求小强为他们买一大批零食。当时，小强认为自己可以拿得了这一大批零食，因此便答应了。久而久之，要求小强帮忙的同学越来越多。在同学眼中，他是一个很帮得上忙的人。

小明是初一年级的学生，有一天，他走到学校走廊的转角位置，有一位同学突然跑出来撞到了他，两个人拿着的文具和书都掉到了地上。虽然那位同学很气愤并破口大骂，但小明仍然平心静气地表达自己对那位同学的关心，而且帮助那位同学捡起地上的文具和书。

附件 3

“性格类型” 学生页

好斗型（Aggressive）

特点：眼神凌厉，说话大声而耿直，容易责怪别人，常常希望在辩论中获胜及先顾及自己的需要（很多时候是不自觉的）。

人际关系：由于较少顾及别人，故这类性格的人与人相处时会令人感到不被尊重。

格言：我好，你不好。

被动型（Passive）

特点：与别人甚少有眼神接触，说话声量弱小而迟疑、自责、退缩，期望别人明白他们想什么。

人际关系：虽然能保持良好人际关系，但往往忽略自己的真正需要。

格言：我不好，你好。

兼顾型（Assertive）

特点：准确知道自己的权利，同时也会尊重及不会侵犯别人的权利。以温和的声线和眼神与人接触。愿意聆听别人的意见。

人际关系：能与别人保持良好关系及受别人尊重，同时亦能照顾自己及别人的需要。

格言：我好，你也好。

附件 4

鼓励卡

主题二

情绪的控制与表达能力

情绪的控制与表达能力是青少年成长过程中不可忽视的部分，对青少年发展正面积极的自我观念、建立良好的人际关系将产生直接的影响。善于控制和表达情绪能增强青少年处理人生逆境的能力。培养和强化青少年情绪控制和表达能力，可从以下几个方面着手：分辨自己和他人的情绪、运用不同词汇及方法表达情绪、对他人的情绪有同感及同情心、以健康的方法处理负面情绪、加强个人对情绪的自我效能感等等。

青少年情绪发展理论指出，青少年具备感知自己情绪的能力，也明白个人情绪和情绪调节方式会影响人际关系。然而，与西方社会相比，中国的传统文化强调喜怒不形于色，中国人一般不善于也不鼓励表达情绪，且存在抑制情绪的倾向。因此，在改善青少年控制和表达情绪的能力时，本主题集中强调认识更多的情绪、正确表达情绪的技巧以及提高对情绪控制的敏感性。

根据青少年的成长进程，培养初一学生的情绪控制和表达能力应更着重学生个人层面的情绪发展，提高他们对个人情绪的洞察力，使他们掌握、建立正面的情绪概念。本主题第一课告诉学生情绪的基本概念，帮助学生分辨不同的情绪类型并丰富情绪词汇；第二课培养学生分辨个人情绪的能力，认识不同情绪的正确表达方法，加强表达和接纳个人情绪的体验。

第三课

情绪词典

本课概述

本课目的：引导学生认识不同的情绪和提升其对自己及他人情绪的洞察力。

本课流程：

1. 【导入】引出情绪的概念，为活动一做准备。

2. 【活动一：情绪卡片】学生用表情和非言语动作表达自己卡片上的情绪词语。

3. 【活动二：情绪词典】学生头脑风暴出更多的情绪词语，并深入体验或探索自己内心感受。

4. 【总结与反思】认识不同的情绪，正确地表达情绪，才能更好地做情绪的主人。

5. 【延伸活动：情绪词语接龙】学生按顺序迅速说出与情绪有关的词语。

教学目标

1. 掌握更多的形容不同类型情绪的词语。
2. 提高学生对个人情绪的洞察力。
3. 引导学生理解他人和认识自己的情绪。

教学重点

1. 通过“情绪卡片”的活动，让学生体会不同类型的情绪。
2. 通过“情绪词典”的活动，帮助学生丰富情绪词汇，体会内心复杂情感。

教学难点

1. “情绪卡片”活动中，避免学生为求快求胜而采用言语行为进行游戏。
2. “情绪词典”活动中，让学生体会自己内心复杂的情绪。

兴趣点

1. 学生对“情绪卡片”活动很感兴趣，参与度很高。
2. “情绪词典”活动中学生通常会沉浸于自身的复杂情绪体验中。

教学准备

1. 情绪卡片（每人一张）。
2. 情绪脸谱卡（每人一袋）。
3. 小组头脑风暴记录纸（每组一张）。
4. “假如我是……”学生页（每人一张）。

教学过程

活动	步骤	教学工具	时间
导入	教师导语：上次课我们一起讨论了性格对人际关系的影响，选出了十大不受欢迎的言行。课程开始前，让我们一起重申课程约定！想要赢得别人的尊重，我们应该怎么做？——倾听！用倾听表达尊重，赢得别人的欢迎。 我们今天进入新的单元，即情绪控制与表达能力的第一课情绪词典。 教师先随机做个小调查，问：今天心情如何？ 教师语：假如现在告诉你们，今天老师在课后会送给大家一份神秘的礼物，你们的心情会有什么变化？		2 分钟

续前表

活动	步骤	教学工具	时间
导入	教师小结：我们常会有开心、紧张等情绪，这是我们对人和事所产生的感受，是日常生活中很正常的一部分。为了了解和表达情绪，今天我们一起来认识情绪，掌握有关情绪的词语！		2分钟
活动一：情绪卡片（认识不同情绪的表情及肢体表达）	1. 每位学生拿一张情绪卡，卡上会有一种情绪，比如“高兴”、“紧张”、“满足”、“激动”、“轻松”……请同学们用心体会自己拿到的情绪，思考以下问题： （1）你是否经历过这些情绪？ （2）如果不让你说话，你将怎样用动作和表情来表达卡上的词语？ 2. 游戏规则：不可让其他同学看到自己所得到的情绪卡，自由找同学互相以肢体动作和表情表达情绪卡上的意思，当对方在3次内猜中情绪卡上的词语时，请他在卡上签名。游戏时间3分钟。 3. 提问： （1）在游戏中你印象最深刻的事情是什么？ （2）你认为哪些情绪词语是较难表达的？ （3）当对方不明白你所表达的意思时，你有什么感受？ （4）在生活中，你如何表达情绪？通常身边的家人或朋友明白你的感受吗？ 教师语：有些情绪是比较容易表达的，而有些情绪，单纯用肢体语言是比较难表达的。如果我们能辨别它是众多情绪中具体哪一种，我们就可以用语言或者文字等方式更准确表达这些感受。	附件1：情绪卡片	10分钟
活动二：情绪词典（认识更多的情绪词语）	教师语：除了刚才这些词语，生活中还有很多其他的情绪词语，我们一起来头脑风暴，把这些情绪词语收进我们的情绪词典中。 1. 头脑风暴。 （1）教师给每组一张大白纸，请小组成员集思广益，在1分钟内准备尽可能多的情绪词语，小组选1名组员将它们记录在白纸上。 PPT给出不同情景，帮助学生思考不同的情绪：被同学取笑身材；收到情书；父母给予格外的零用钱；同学间流传你和异性好友关系暧昧；帮助同学解	大白纸； 附件2：情绪脸谱卡； 附件3：“假如我是……”学生页	25分钟

续前表

活动	步骤	教学工具	时间
活动二：情绪词典（认识更多的情绪词语）	决困难；独自一人在家一个星期；在班级比赛中获得冠军；至亲至爱的人去世；最要好的朋友即将出国；父母吵架。 （2）小组轮流进行汇报，由书写员在黑板上记录各组所说的词语，重复出现的词语不用记录。 （3）教师带领学生一起欣赏收集到的情绪词语，并询问学生：有哪些情绪你以前很少关注过它或者觉察到它？什么时候我们可能会感受到这种情绪？ 学生分享完毕，教师对他们的回答表示赞赏。 2. 假如我是…… 教师语：对于一件事，每个人都会有一种或几种感受。今天我们一起学习了这么多情绪词语，让我们在故事中细细体会和辨别，这些情绪在我们内心的不同感受。每人拿到一袋情绪脸谱卡后，细细辨别，选择那些更符合内心感受的情绪卡，放在“假如我是……”学生页上。 教师请学生安静地感受内心，分辨有哪些感受和情绪，选择符合的情绪卡放在“假如我是……”学生页上。 请学生起来分享自己在活动中的感受和情绪，并说明理由。	大白纸； 附件2：情绪脸谱卡； 附件3：“假如我是……”学生页	25分钟
总结与反思	教师语：今天的课程里，我们知道每个人都有情绪，也认识了许多情绪，并正确地表达了它们。只有我们正确地认识情绪并接纳它，我们才能做情绪的主人，不容易被情绪所左右。 教师布置课后作业：将自己的情绪卡片贴在笔记本中一页的左上角，然后找到同学用肢体语言表演给他/她们看，请他/她们猜，并签名。签名尽可能要集齐10个以上。		2分钟

续前表

活动	步骤	教学工具	时间
延伸活动：情绪词语接龙	让每位学生按照顺序尽快说出一个与情绪有关的词语。 要求： 1. 不能出现重复的词语。 2. 必须是与情绪有关的词语。 3. 请尽快说出这一词语。 如果学生违背要求中的任意一项，教师可根据学生的意愿让他们自行选择一种惩罚方式：扮鬼脸、装可爱、学动物叫或出局等。教师可根据班级实际人数决定头脑风暴活动进行几轮。		

附件 1

情绪卡片

请用动作向同学做出以下情绪词语
高兴
如同学能准确猜中词语，请你叫他/她在这里签名。
请用动作向同学做出以下情绪词语
紧张
如同学能准确猜中词语，请你叫他/她在这里签名。
请用动作向同学做出以下情绪词语
满足
如同学能准确猜中词语，请你叫他/她在这里签名。
请用动作向同学做出以下情绪词语
激动
如同学能准确猜中词语，请你叫他/她在这里签名。
请用动作向同学做出以下情绪词语
轻松
如同学能准确猜中词语，请你叫他/她在这里签名。
请用动作向同学做出以下情绪词语
震惊
如同学能准确猜中词语，请你叫他/她在这里签名。
请用动作向同学做出以下情绪词语
担心
如同学能准确猜中词语，请你叫他/她在这里签名。
请用动作向同学做出以下情绪词语
得意
如同学能准确猜中词语，请你叫他/她在这里签名。
请用动作向同学做出以下情绪词语
无奈
如同学能准确猜中词语，请你叫他/她在这里签名。
请用动作向同学做出以下情绪词语
生气
如同学能准确猜中词语，请你叫他/她在这里签名。

附件2

情绪脸谱卡

迷惘
哀痛
失落
震惊
无奈
明白
愉快
不屑
满足
轻松
懒洋洋
恐惧
疲倦
得意
胆怯
平静
内疚
诧异
担忧
失望
焦虑
有希望
自豪
愤怒
抱怨
狡猾
苦闷
纠结
厌恶
骄傲
高兴
妒忌
紧张
兴奋
尴尬

附件 3

“假如我是……” 学生页

期中考试成绩发下来了。我得到了非常好的成绩，得了全班第一，获得了老师的表扬。可是我的好朋友的成绩却不那么理想，他回去还有被爸妈责骂的危险。

请在空格上写上你的情绪和感受，并选择你的表情。

我的情绪是……	因为我觉得……

第四课

真情流露

本课概述

本课目的：引导学生分辨个人情绪，认识不同的表达方式。

本课流程：

1.【导入】通过“气球泵泵”活动，帮助学生认识到要正确地表达情绪。

2.【活动一：情绪投票站】学生分小组讨论四种基本情绪的表达方式。

3.【活动二：真情流露】观看影片《跳跳羊》，体会跳跳羊在不同阶段的情感波动。

4.【总结与反思】学会正确地表达情绪，使其符合“三赢”原则。

5.【延伸活动：画出你的情绪坐标】学生仔细回忆过去一周的情绪变化，并制作完成自己的情绪坐标。

教学目标

1. 分辨不同的个人情绪。

2. 认识各种表达情绪和感受的方式。

教学重点

1. 通过“情绪投票站”活动，让学生认识表达情绪的各种方式及其利弊。

2. 通过“真情流露”活动，让学生学习表达、处理情绪的方法，引导学生感受到表达情绪的重要性。

教学难点

1. “情绪投票站”活动中，鼓励学生尽可能想出更多的情绪表达方式。

2. “真情流露”活动中，学生细致观察跳跳羊的情绪变化，教师引导学生认识情绪正确表达的“三赢”原则。

兴趣点

学生通常很乐意汇报他们在“情绪投票站”活动中的成果，并对《跳跳羊》视频很感兴趣。

教学准备

1. 气球和打气筒（每组各一个）。
2. 大白纸（每组一张）和彩笔（每组一支）。
3.《跳跳羊》视频。

教学过程

活动	步骤	教学工具	时间
导入	每组一个气球，1 分钟时间，看哪个组在不弄破气球的前提下把气球打到最大。 请同学们思考：继续打气会怎样呢？假如气球代表人，打气筒输出的空气代表情绪，那么积聚太多的情绪会怎样呢？假如要免于崩溃，需要怎样？假如气完全放出，气球会怎样？假如人完全没有情绪会怎样？ 教师小结： 1. 如果我们不懂及时找到方法适当地表达或宣泄自己的情绪，任凭情绪积聚或不经意地忽略便会影响身心健康。 2. 如果一个人完全没有情绪，便会像一只完全没有气的气球，给人过分冷漠和没有情感的感觉。	气球、打气筒	8 分钟

续前表

活动	步骤	教学工具	时间
导入	3. 不恰当的情绪表达方式会伤害别人、伤害自己，我们需要找到适合自己表达情绪的通道。 【说明】在打气球环节，可能有某些学生感到害怕的情况。教师可事先找出此类学生，询问他们是否参与这个活动并尊重他们的选择。教师密切关注他们在活动中的反应，适当予以安抚。	气球、打气筒	8 分钟
活动一：情绪投票站（认识不同情绪对应的不同的表达方式及利弊）	1. 每组发放一张大白纸。纸上分别写上“喜”、“怒”、“哀”、“惧”四大情绪类别。 2. 各组讨论其中一种情绪（喜、怒、哀、惧）的表达方式，并将其写在纸上。 3. 各组汇报，老师引导学生分辨各种情绪表达方式的利弊。（三赢：我好，你好，世界好） 4. 小组投票选出最佳、最常用的三种表达方式并分享。 5. 教师讲解情绪的“三赢”理论：正确表达情绪的方式应该是让自己感觉舒适，让身边的人也能觉得舒服，同时还要注意对周边环境的保护。	大白纸、彩笔	20 分钟
活动二：真情流露（寻找情绪表达的“三赢”）	1. 播放视频《跳跳羊》。注意观察跳跳羊的情绪变化及表达方式。  2. 提问： （1）有着光鲜羊毛时，情绪是________，表达方式是________。 （2）羊毛被突然剪了后，情绪是________，表达方式是________。 （3）美洲羊开导后，情绪是________，表达方式是________。 3. 小结。 探讨表达情绪的方式，引导学生反思：自己平时是否有表达情绪的习惯；采用的方式是否正确，是否符合“三赢”（你好，我好，世界好）。	《跳跳羊》视频	10 分钟

续前表

活动	步骤	教学工具	时间
总结与反思	教师语：情绪是生命中不可分割的一部分，正确地认识自己的情绪并合理地表达情绪是非常重要的。如果符合“三赢”，我们就能更好地成为情绪的主人，和他人及世界建立良好的关系。		1分钟
延伸活动：画出你的情绪坐标	横坐标代表时间，回忆过去一周七天的生活，纵坐标代表每一天的情绪。请用折线图连接你过去一周每天的情绪点，并在每个情绪点旁边，简要写出发生的事情及当时的情绪形容词。教师请愿意分享的同学来分享自己的情绪坐标。		

主题三 认知能力

思考是指针对某一个或多个对象进行的分析、综合、推理、判断等思维活动。孔子说，“学而不思则罔”，就是说如果只知道读书而不进行思考就会不辨真伪，更不能融会贯通，学以致用。这说明了思考的重要性，它可以传承精华，去除糟粕，孕育智慧；可以帮人化解矛盾的症结，疏通僵化的思维方式，构建新的思维和理念。古今中外，凡成大事者都拥有勤于思考的习惯。思考对于学生有着更为重要的意义。思考能使学生原有的知识得以巩固和升华，为他们日后在实践中运用知识奠定良好的基础。

初一学生正处于对新环境和新的学习生活的探索和适应阶段，而由于年龄小，他们的心理发育还不够成熟，容易出现自控能力不强、做事思虑不周、意志不坚定等问题。学会思考，养成善于思考的好习惯，将有利于他们更好地适应初中的学习和生活。本主题旨在鼓励学生勤于思考，学会反思，认识、掌握并实践理性、创意和批判三种思考方式。

（1）理性思考：基于充分准确的资料，兼顾自己和他人的观点，做出客观正确的结论。

（2）创意思考：以开拓创新为导向的思考模式。人们遇到困难时常常需要运用创意思考。创意思考的技巧主要包括：运用知识以崭新的角度去理解问题，留意问题的整体及细节的关系，制定规则去整理和完善资料。

（3）批判思考：通过搜集充分确凿的资料，去评估事情的可信性，或抉择可以做的事情。当中，人们还需要运用反思技巧去批判自己的思考从而做出调整。

初一教材着重于对三种思考方式的介绍和简单运用。本单元第一课帮助学生认识三种不同的思考技巧，引发他们认识反思的重要性并对自身进行反思。第二课教师鼓励学生灵活运用不同的思考技巧解决日常生活中常见的网络交友及诈骗问题。

第五课 思考与反思

本课概述

本课目的：引导学生进行思考与反思。

本课流程：

1.【导入】以“大脑运动”思考题引发学生思考，并通过篮球实验让学生认识到思考的力量。

2.【活动一：一盏街灯】通过对一盏街灯的思考，带领学生认识三种不同的思考方式。

3.【活动二：反思钥匙】通过故事《年轻的伐木工》引发学生认识反思的重要性并对自身进行反思。

4.【总结与反思】回顾本课，鼓励学生在日常生活中积极思考，勤于反思。

5.【延伸活动：思考擂台】以小组比赛的形式训练学生不同的思考方式。

教学目标

1. 认识理性、创意和批判三种思考技巧。
2. 认识反思的重要性并掌握反思的方法。

教学重点

1. 引起学生思考的动机。
2. 引导学生认识反思的重要性。
3. 向学生解释理性、创意和批判三种思考方式。

教学难点

1. 在“一盏街灯”找伙伴活动中，鼓励学生选择自己的主导思考方式，尽快找到自己同一思维方式的伙伴。

2. 引导学生认真反思自己，填写“反思钥匙”。

兴 趣 点

1. 在“大脑运动”中，学生通常很乐意帮助老师解决难题，同时有好胜心理，学生在这个活动中会非常投入。

2. 在故事《年轻的伐木工》中，教师请学生揣测伐木工效率变差的原因再揭晓答案，学生通常乐于寻找答案。

教学准备

1. “大脑运动”题目及答案。

2. “一盏街灯”资料。

3. 《年轻的伐木工》。

4. 反思钥匙。

教学过程

活动	步骤	教学工具	时间
导入	教师导语：这几天老师遇到一个问题，百思不得其解，我知道大家都很聪明，想让你们帮帮我。你们愿意帮我吗？ 1. 放映“大脑运动”PPT。 （1）请学生把 12 个人排成 6 列，每一列都是 4 个人。	附件 1：“大脑运动”题目及答案	10 分钟

续前表

活动	步骤	教学工具	时间
导入	（2）请学生独立思考，记下答案（限时5分钟），然后请解出来的同学到黑板上写下答案。 （3）对解答出来的同学给予鼓励及赞赏。 2. 小结。 教师语：科学家曾做过一个篮球训练的实验。甲组在20天中每天进行20分钟的实际投篮训练；乙组在20天中不作任何投篮训练；丙组在20天中每天只做20分钟的想象投篮训练。最后的结果是：甲组得分提高24%，乙组得分没有任何提高，丙组得分提高23%。 教师小结：实验告诉我们，实际训练固然重要，但想象训练也有相似的作用，而不做任何努力和训练当然也收不到任何效果。通过这个实验，我们不难看出思考的重要性和价值。我们在日常的学习生活中不但要勤于思考，乐于思考，还要加大思考的力度，养成先思考后行动的好习惯。今天虽然有些同学并没有找出正确答案，但是他们通过积极思考，一样也会有所得。让我们给这些同学一些掌声！	附件1：“大脑运动”题目及答案	10分钟
活动一：一盏街灯（认识三种思考方式）	教师语：华灯初上，街边繁星点点。你看到路灯，会有什么样的想法呢？引起学生尽情思考。 呈现故事。教师语：街边同样的一盏路灯，不同的行人却有着不同的想法。他们各自运用了什么样的思考方式呢？ 教师提问：你倾向于哪一位行人？教室里的三个位置分别代表了三位行人，请同学找到与自己思考方式相似的行人的位置坐下。小组成员共同思考，我们的思考方式上具有什么样的共同点？故事中三位行人各自用了什么样的思考方式？ 在学生讨论后，教师简单解释这三种思考方式。（理性思考：做一件事前要思考结果，做法是有理由的而不是凭直觉，是有根据的思考。创意思考：突破旧有观念的想法，摒弃成规的做法，是创新的思考。批判思考：对事物进行反省，怀疑它的可信性，提出问题。） 教师指出不同思考方式在我们日常生活中的重要性，鼓励学生多用不同的思考方式去理解事物。	附件2：“一盏街灯”资料	10分钟

续前表

活动	步骤	教学工具	时间
活动二：反思钥匙（认识反思的重要性并学习反思）	1. 年轻的伐木工。 教师可在故事中间停下来带领学生讨论： （1）想想为什么他砍树越砍越少？ （2）你对故事中的主角有什么建议？ （3）如果你是伐木工，你有什么具体的计划和举措呢？ 教师语：伐木需要磨斧子，那么我们的学习需要什么呢？在我们的身边经常发现这样的人，每天他们步履匆匆，忙忙碌碌，勤勤恳恳，似乎永远也忙不出头来。可是一年下来他们的学习成绩总是不理想，这是为什么呢？或许这能从伐木的年轻人身上找到答案，因为他们每天只知按部就班，埋头苦干，而忽略了磨刀。对于我们学生而言，思考就像是我们的工具，灵活地运用这个工具，能帮助我们从繁杂的事务中理出头绪，从繁重的学习中发现失误，改进学习方法，提高学习效率。如果我们经常思考和反思自己的行为，就会更加清醒地认识自己，减少失误，摆脱困惑，从而更好地成长。那么，反思要注意什么呢？ 教师引导学生发言，在简单归纳学生意见后，指出： （1）反思是以个人经验为基础的思考过程。 （2）任何问题都可以进行反思。 （3）最重要的是自己能从反思中有所收获。 2. 教师派发“反思钥匙”给学生，请学生反思并填写。	附件 3：年轻的伐木工； 附件 4：反思钥匙	18 分钟
总结与反思	教师语：思考对个人成长的各个方面的发展都是非常重要的，能够帮助我们梳理自己的生活，沉淀自己的内心，从而能够更好地生活和学习。而反思更是能够帮助我们认识和改变自己，提升我们解决问题的能力。希望大家能够将自己的反思钥匙灵活运用到自己每一天、每一节课的生活和学习当中，不断反思自己学到的东西、感受到的东西，慢慢成为独立思考、有主见的好学生。		2 分钟
延伸活动：思考擂台	本活动旨在用轻松的方式训练学生不同的思考技巧。在规定时间内，在思考擂台上提出需要学生思考的问题（数量由导师决定），内容以理性、创意及批判思考为主。学生分小组参加，答对问题便可获得奖励。		

附件 1

“大脑运动” 题目及答案

请大家把 12 个人排成 6 列，每一列都是 4 个人。

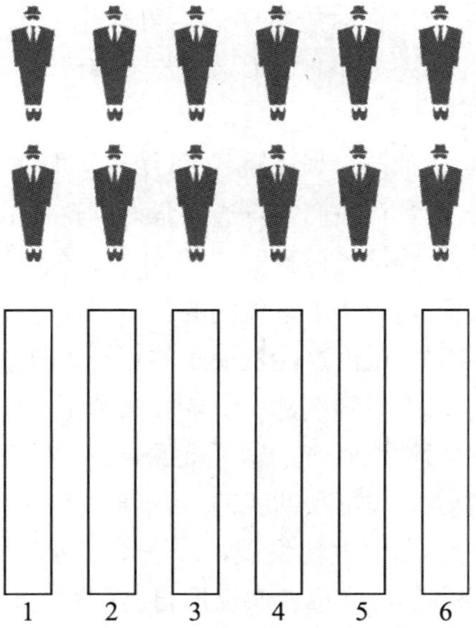

答案

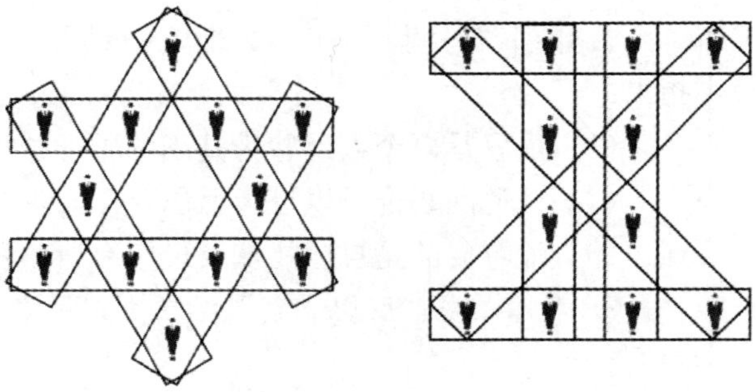

附件 2

“一盏街灯” 资料

有一天，有三个人经过路边，看见一盏街灯，有以下的想法：

A：“如果这盏街灯有脚可以走动，又可以像彩色的霓虹灯般发亮，会多有趣呢！”

B：“街道上设置了这盏街灯，晚上为行人照明，能为人带来方便，真好！”

C：“为什么这盏灯要放在街边呢？街道中心不是更需要灯光吗？”

附件 3

年轻的伐木工

有个年轻的伐木工人，在一家木材厂找到了一份工作，不但工作条件好，而且报酬也很不错。这天，老板给他一把利斧，他很珍惜，下决心要好好干。第一天，他砍了 18 棵树。老板高兴地说："不错，就这么干！"年轻人很受鼓舞，第二天，他干得更起劲了，可是只砍了 15 棵树。第三天，他加倍努力，结果只砍了 10 棵树。年轻人觉得很惭愧，跑到老板那儿道歉，说自己不知道怎么的，好像力气越来越小了。老板问他："你上一次磨斧子是什么时候？""磨斧子？"年轻人悔悟地说，"我天天忙着砍树，竟忘记了抽时间磨斧子！"

附件 4

反思钥匙

姓名：

请根据以下问题进行反思：

第六课

网上情缘

本课概述

本课目的：引导学生在日常生活中灵活运用三种思考方式。

本课流程：

1.【导入】引起学生关于网络交友普遍性和可靠性的讨论。

2.【活动一：网上情缘】通过“网上情缘”的案例，引导学生应用理性和批判思考分析网上交友可能存在的问题。

3.【活动二：网络信息辨真伪】学生讨论辨认网络信息真伪应当注意的地方，运用创意思考创作内容丰富、美观的海报。

4.【总结与反思】教师总结辨认网上信息真伪的技巧，并引导学生反思本课使用到的思考技巧，鼓励学生在日常生活中多运用不同的思考技巧。

5.【延伸活动：心理剧】学生以小组为单位，根据课堂中的故事，改编设计出一个分辨网络信息真伪的短剧，并以录像形式展示。

教学目标

1. 应用理性和批判思考分析网络交友的问题。
2. 应用创意思考制作分辨网络信息真伪的海报。

教学重点

1. 引导学生对网络交友信息真伪的思考。
2. 鼓励学生运用不同的思考技巧，思考网络交友及防止网络诈骗的注意事项。

教学难点

引发学生发挥创意，充分思考，尽可能多地列出如何辨别网络信息真伪的注意事项。

兴趣点

1. 学生很乐意分享自己在日常生活中遇到的网络诈骗事件。
2. 学生喜欢小组合作制作完成海报并乐意分享他们的成果。

教学准备

1. 故事《网上情缘》。
2. 小组学生页“你相信（Joe）吗?”。
3. 资料“网络真伪大清理”。
4. 辨别网络信息真伪参考资料。
5. 海报纸、水彩笔（每组一份）。

教学过程

活动	步骤	教学工具	时间
导入	教师问学生： 1. 你喜欢在网上交朋友吗？为什么？ 2. 你们当中有多少人试过在网上认识朋友？ 3. 你认为，在网上认识朋友可靠吗？ 教师小结：在我们的日常生活中，网络的作用无处不在，网络也是一个较为容易的交友平台和途径。		5 分钟

续前表

活动	步骤	教学工具	时间
活动一：网上情缘（运用理性和批判思维分析网上交友可能性）	教师播放《网上情缘（上）》PPT。 派发小组学生页“你相信（Joe）吗?”，并组织学生小组讨论： 1. 故事的主角 CiCi 应该凭什么去判断网友 Joe 是否值得相信? 2. 如果你是 CiCi，你是否会赴约? 根据学生讨论后的汇总结果，教师小结：网上交友需要运用理性思考，谨慎考虑对方背景、结识网友的动机，做决定前一定要设想各种可能性，考虑到可能的后果。	附件 1：网上情缘(上)； 附件 2：你相信（Joe）吗?	12 分钟
活动二：网络信息辨真伪（运用创意思考分析结交网友的方法）	教师播放《网上情缘（下）》PPT，告诉学生主角 CiCi 因为轻信网友的话差点落入陷阱。 教师导语：网上常常会有各种各样、真真假假的信息，需要我们练就一双火眼金睛去识别它们。 网络信息真伪大清理：呈现网上较为常见的诈骗情景，请学生自行判断。 每组派发一张海报纸及一盒水彩笔。 学生讨论辨别网络信息真伪应当注意的地方，创作信息丰富、美观的海报。 学生讨论后，展示并汇报结果。	附件 3：网上情缘（下）； 附件 4：网络信息真伪大清理； 附件 5：辨别网络信息真伪参考资料； 海报纸、水彩笔	20 分钟
总结与反思	教师总结辨别网上信息真伪的注意事项。 教师语：请大家反思一下，今天在我们的课堂上，我们运用了上节课所学到的哪些思考技巧呢? 不同思考技巧的运用，能够帮助我们更加全面地思考问题，规避危险，也更好地应对生活中各种各样的事情。在我们的日常生活中，我们要多运用不同的思考技巧进行反思，以免像故事中的女主角一样落入网上陷阱。		3 分钟
延伸活动：心理剧	学生以小组为单位，根据课堂中的故事，设计出一个包含结交网友要点的全新故事，以录像的方式交回。如时间允许，可让学生一起欣赏各组的录像作品。		

附件 1

网上情缘（上）

CiCi是一名初一女生，近日她与好朋友因意见分歧闹翻了，她也因为此事在班里不受欢迎，被同学孤立。

有一次她在QQ上遇到一名自称初三的青年（网名Joe）。CiCi当时心情很差，便向Joe提及在学校被孤立的遭遇。

怎料Joe向CiCi说他也有类似经历，而且在网上的倾谈中Joe向CiCi透露了自己的一些个人资料：所读的学校、居住的地区、电话等，并表示渴望交个真心的朋友。

CiCi见Joe主动透露个人信息，觉得这个人很真诚，于是继续与Joe在网上来往。

Joe表现得十分关心CiCi，常常向CiCi诉说心事。CiCi觉得Joe既和自己投缘，又关心自己，所以当Joe向她提出交换电话时，CiCi立即答应了。

CiCi每晚都与Joe用电话聊天，还渐渐对他有了好感。不久，Joe主动约CiCi见面，CiCi是不是应该应约呢？

附件 2

你相信（Joe）吗？

1. Joe是否真的为了交朋友？
2. 他是初三的学生吗？
3. 他之所以诉说，是否想争取信任？
4. 他是真心关心CiCi吗？
5. 他是否用同样的方法结识异性朋友？
6. 他约CiCi见面，有没有不良动机？

附件 3

网上情缘（下）

CiCi 没有多加考虑，便答应了 Joe 的邀请。第二天，两人见面后，Joe 邀请 CiCi 到他家里坐坐。

怎料 CiCi 才踏进门口，Joe 便抱住了 CiCi。CiCi 惊觉自己错信陌生人，坚决予以拒绝，最终脱离险境。现在，她回想起这事都很害怕。

附件 4

网络真伪大清理

今天 QQ 上一个名为腾讯通知的人给我发来文件，上面说我中奖了，这是真的吗？

好久不见的一个 QQ 好友向我借钱，我能借吗？

今天妈妈告诉我，年级组长加了她的 QQ 号码，并要她赔偿我在学校损坏的财物共计 3 000 元。这是怎么回事？

附件 5

辨别网络信息真伪参考资料

网友约见见不见？

见面地点有要求？

见面人数几个好？

信息来源准确吗？

涉及要小心（金钱）、理性判断（问问题）、一定要谨慎（约见）、见面要选（熟悉地）、提高自身（辨别力）、多向他人（请教）。

主题四

自我效能感

美国著名心理学家班杜拉指出，自我效能感是人们对自身能否利用所拥有的技能去完成某项工作行为的自信程度。自我效能感直接影响着一个人的感受、思想、行为和做事的毅力。自我效能感高的人，通常在日常生活和学习中表现得更自信，积极尝试实践远大的目标，做事有毅力，这样他们就会有更多的机会较好地发挥潜能收获成功。即使遭遇失败，由于他们视困难为成长的机会，也能够很快地从失败中站起来，把失败归因于没有足够的知识和技能，而不是质疑自己的能力。而自我效能感低的人，通常会表现出自闭和不积极，不能很好地发挥自身水平，他们获得成功的可能性也会相应减少，面对失败时也更容易自暴自弃。

自我效能感的形成或改变至少受到五种因素影响：（1）成败经验。一般而言，个体过去的成功经验能提高自我效能感，多次的失败会降低自我效能感。当然这还与个体不同的归因方式有关。（2）替代性经验。人们通过观察他人的行为而获得的间接经验会对自我效能感产生重要影响。（3）言语劝说。言语劝说的价值取决于它是否切合实际。缺乏事实基础的言语劝说对自我效能感的影响不大，基于直接经验或替代性经验上进行劝说的效果会更好。（4）情绪反应和生理状态。个体在面临某项活动任务时强烈的心身反应、过激的情绪通常会妨碍行为表现而降低自我效能感。（5）情境条件。不同的环境提供给人们的信息是大不一样的。某些情境比其他情境更难以适应和控制。当一个人进入陌生而又易引起焦虑的情境中时，其自我效能感水平与强度就会降低。

美国心理学家埃里克森把人的发展看作一个进化的过程，他认为人的一生是一个生命周期，可以划分为八个阶段。这些阶段是以不变的序列逐渐展开的，而且在不同的文化中是普遍存在着的。埃里克森指出，人格发展的每个阶段都由一对冲突所组成，并形成一种危机。所谓危机不是指一种灾难性的威胁，而是指发展中的一个重要转折点。危机的积极解决，就会增强自我的力量，人格就得到健全发展，有利于个人对环境的适应；危机的消极解决，就会削弱自我的力量，会使人格不健全，阻碍个人对环境的适应。一个健康人格的发展，必须综合每一次危机的正反两个方面，否则就会有弱点。

埃里克森的八个人格发展阶段分别面临的冲突为：

1. 婴儿前期（C～1.5 岁），基本信任对不信任的冲突。具有信任感的儿童充满希望，富于理想，具有强烈的未来定向。

2. 婴儿后期（1.5～3 岁），自主对害羞和怀疑的冲突。这一阶段的儿童进入第一个反抗期，他们“有意志”地决定做什么或不做什么，如果父母对儿童的保护或惩罚不当，儿童就会产生怀疑，并感到害羞。

3. 幼儿期（3～6 岁），主动对内疚的冲突。在这个时期如果儿童表现出的主动探究受到鼓励，儿童就会形成主动性。反之，儿童就会逐渐失去自信心。

4. 学龄期（6～12 岁），勤奋对自卑的冲突。这一阶段的儿童如果能顺利完成学习课程，他们就会获得勤奋感，这使他们在今后的独立生活和承担工作任务中充满信心。反之，儿童就会产生自卑。

5. 青春期（12～18 岁），自我同一性对角色混乱的冲突。这一阶段青少年的危机是角色混乱，他们的主要任务是建立一个新的同一感或自己在别人眼中的形象，并寻找他在社会集体中所占的情感位置。

6. 成年早期（18～25 岁），亲密对孤独的冲突。具有牢固的自我同一性的青年人敢于与他人发生亲密关系，获得亲密感，反之将产生孤独感。

7. 成年期（25～65 岁），生育对自我关注的冲突。这一阶段的人将生儿育女，关心后代的繁殖和养育。反之没有生育感的人，其人格贫乏和停滞，是一个自我关注的人，他们只考虑自己的需要和利益，不关心他人（包括儿童）的需要和利益。

8. 老年期（65 岁以上），自我调整对绝望的冲突。这一阶段由于逐渐衰老，老人的体力、心力和健康每况愈下，对此他们必须做出相应的调整和适应，如果一个人的自我调整大于绝望，他将获得智慧的品质；否则他可能怀着绝望走向死亡。

按照埃里克森人格发展八段论，初一学生正处于 12、13 岁，刚刚进入自我同一性对角色混乱阶段，个人意识开始萌芽，早期形成的同一性已不能应付眼前自身的变化，如身体迅速发育、性开始成熟等。同时，他们又面临着对新环境和新的学习阶段的探索和适应问题，自我效能感通常比以往更低，更容易在学习、思想、生活等方面出现一系列问题。为了帮助他们尽快地适应初中生活，本主题着重发掘学生的能力和让学生通过成功的经验来提升自我效能感。本主题下第一课引导学生辨别自己在不同方面的自我效能感。第二课通过处理父母负面话语，帮助学生学会自我肯定，提升自我效能感。

第七课 天生我才

本课概述

本课目的： 帮助学生认识自己在学业、社交、仪容及生活习惯方面的自我效能感。

本课流程：

1.【导入】通过不同领域的名人，引导学生对关于自身不同范畴能力的思考。

2.【活动一：星光大道】学生在纸上十只手指的位置写上自己不同的能力。

3.【活动二：星光大道记者会】学生讨论“星光大道”学生页上所填写的内容。

4.【总结】教师强调能力有高低，鼓励学生认识自己的能力，扬长避短。

5.【自我沉淀】通过“成长卡”，写下这节课的感受。

6.【延伸活动：校园探热灯】请同学们在校园里观察不同年级学生自信的表现。

教学目标

认识自己在学业、社交、仪容及生活习惯方面的能力。

教学重点

1. 引起学生对自我效能感的思考。

2. 引导学生认识不同范畴下的自我效能感。

教学难点

1. 在“星光大道”活动中，引导学生充分思考和发掘自己在不同方面的自我效能感。

2. 帮助学生在不否定自己价值的基础上，发现弱点，主动完善自己。

兴趣点

学生对“星光大道”活动会很感兴趣，有当明星的感觉。

教学准备

1. “星光大道”参考资料。
2. “星光大道”补充材料。
3. A4 纸（每人一张）。
4. 成长卡（每人一张）。

教学过程

活动	步骤	教学工具	时间
导入	教师请学生说出自己心中的名人，教师简单分类，并引导学生说出他们的成功事迹和生平介绍。 在学生介绍完后，教师请学生思考，这些成功人士都具有什么样的能力。 在学生发言后，请他们沉淀下来，回答他们认为什么是能力，他们自己具有什么样的能力。		7 分钟

续前表

活动	步骤	教学工具	时间
活动一：星光大道（认识不同方面的自我效能感）	教师派发A4纸给每位学生，请学生在纸上描画出自己的两个手掌。学生在A4纸的左手下方写“学业及社交”，在右手下方写上“仪容及生活习惯”，并在十只手指的位置上写上自己能够做到的事项，同时，手指的长短代表不同能力的高低。 教师鼓励学生细心想想自己的能力，提示学生可能被忽略的能力。同时教师在黑板上描画自己的双手，写下自己的能力，尽可能写自己的基本能力，如不吃零食、不晚睡等。 【说明】教师要善于引导，一方面鼓励学生尽可能多写，引导学生发现自己已有的能力，告诉他们一些看起来微不足道的、常常被忽视的能力、好习惯常常能带来很多好处；另一方面告诉学生没有写完也没有关系，不要有太多心理压力。	附件1：“星光大道”参考资料； 附件2：“星光大道”补充资料； A4纸	10分钟
活动二：星光大道记者会（了解每个人在不同方面的自我效能感）	学生按照小组进行讨论，每小组4～6人。 小组讨论“星光大道”学生页上所填写的内容，组内分享自己擅长的十件事情，每位成员需找出三件别人擅长而自己不擅长的事情。 请小组代表进行全班分享。		15分钟
总结（认识不同能力的差别、不同人的能力）	教师指出，不同范畴的自我效能感各有高低是正常的事。某方面的自我效能感较低，并不代表自己失败。教师引用“天生我材必有用”和“十只手指有长短”，鼓励学生认真检视自己的能力，扬长避短，不断进步。 同时，教师引导学生认识到每个人的能力都不一样。有些人在某些方面能力较强，但在其他方面的能力则较弱，每个人都有自己精彩之处。		5分钟
自我沉淀	在课程结束前派发“成长卡”，让学生静默片刻，写下这节课的感受。 教师对学生的积极配合表示鼓励和赞赏。	成长卡	3分钟
延伸活动：校园探热灯	请同学们在校园里观察不同年级学生自信的表现，如演讲、球赛、辩论比赛、音乐比赛等，下周上课时汇报。		

附件 1

“星光大道” 参考资料

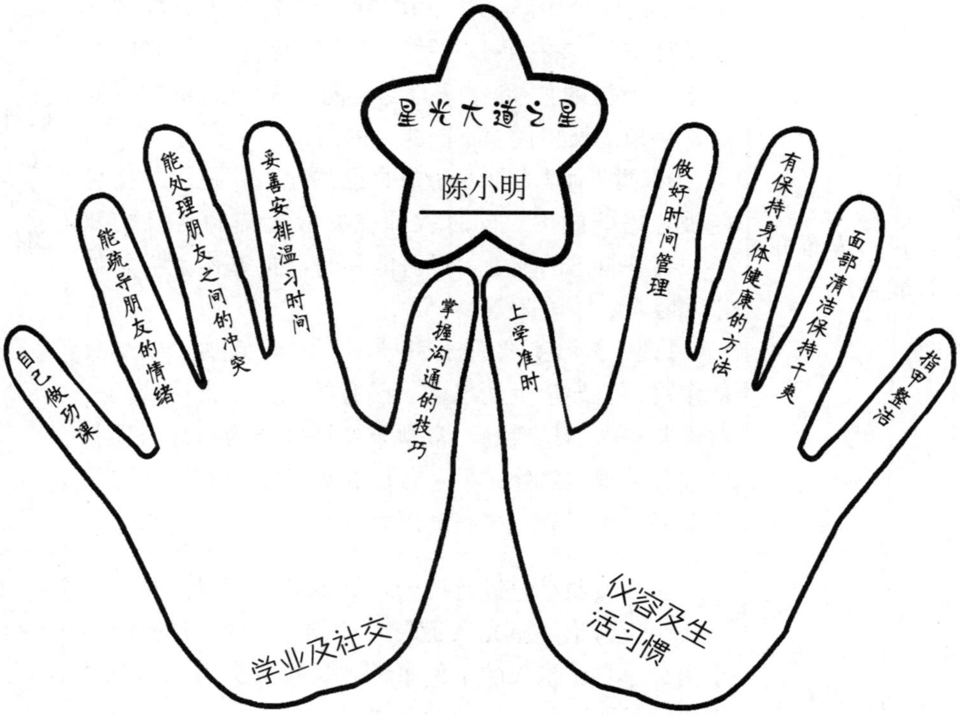

附件 2

“星光大道” 补充资料

学业能力：准时交功课、上课时举手回答老师提问、掌握温习方法、写作流畅、英文口语流利、电脑操作很棒。

社交能力：意思表达清楚有条理、有礼貌、细心聆听、关怀别人、参与义务工作。

仪容：梳洗清洗、衣服整齐清洁。

生活习惯：懂得时间管理、生活有规律、懂节制、不沉迷网络。

附件 3

成长卡

我在课堂上表现最好的是什么？

我在课堂中学到了什么？

学到的东西对我有什么帮助？

第八课

我值得赞赏

本课概述

本课目的： 学会破解父母说负面话语对自己的消极影响，肯定自己的成功经验，以提升自我效能感。

本课流程：

1. 【导入】引起学生动机，写下他们在家中所听到的负面话语。

2. 【活动一：解构父母心】学生解读父母说负面话语的动机和心情。

3. 【活动二：我值得赞赏】学生在赞赏卡上写上自己值得父母赞赏的事情，大家一起总结概括最值得父母赞赏的事情。

4. 【活动三：我的快乐时代】学生回顾过去的成功经历及感受，提升自我效能感。

5. 【总结与反思】教师鼓励学生学会自我欣赏，用行动来肯定和展示自己。

6. 【延伸活动：成功互助社】鼓励学生写下平时的学习心得，学生交流共享如何能在学业上取得成功的经验。

教学目标

1. 了解父母说负面话语背后的心情，减轻负面影响。

2. 自我肯定以提升自我效能感。

教学重点

1. 引发学生对父母负面话语的情绪。

2. 引导学生正确解读父母的负面话语。

3. 引导学生自我肯定，欣赏自己。

教学难点

教师引导学生正确解读父母的负面话语，看到父母负面话语背后的动机和心情。

兴趣点

学生很乐意将“愤怒的小鸟”扔向负面话语来宣泄自己的情绪，也很愿意欣赏大家的赞赏卡。

教学准备

1. “父母生气时”PPT。
2. 毛绒玩具“愤怒的小鸟”（1个）。
3. 赞赏卡（每人一张）。
4. 手语歌视频《我真的很不错》（网上下载）。
5. A3 白纸（1～2张）。
6. 双面胶。

教学过程

活动	步骤	教学工具	时间
导入	教师问：在这个月里，父母有没有赞赏你的表现？请学生举手表示。 教师问：你听过这些句子吗？播放简报，呈现父母责骂子女时的负面语句。 教师问：你们听过父母说这种话吗？ 请学生回答。	附件1：父母生气时	4分钟

续前表

活动	步骤	教学工具	时间
导入	教师再问：你们在家中常听到的负面话语是什么？并请学生把自己所听到的负面话语写在黑板上，但不可写污言秽语。	附件 1：父母生气时	4 分钟
活动一：解构父母心（谅解父母说负面话语的动机和心情）	学生按照事先分好的小组进行比赛。 每组派代表站在距离黑板两米的地方，将毛绒玩具“愤怒的小鸟”扔向黑板上任何一句“父母负面话语”上，然后请这位代表解释为什么父母要用负面话语说出来，究竟这句话有什么弦外之音，到底希望孩子怎么做。 每组轮流玩 2 至 3 次，然后请全班同学举手投票，选出哪一组的演绎最为精彩。 教师小结：有时候父母只留意我们的缺点，为此可能说一些负面的话，甚至责骂我们。我们需要理解父母负面话语和责骂背后的真正意思，有可能父母也不懂得表达自己，没能运用合适的语言来赞赏和肯定我们的能力。赞美固然很美好，但与其我们只是一味等待父母的赞赏，不如做好自己，向父母证明自己的能力。	毛绒玩具“愤怒的小鸟”	12 分钟
活动二：我值得赞赏（肯定自己值得父母赞赏）	教师派发赞赏卡，每人一张，请他们在赞赏卡上写上 1～3 项值得父母赞赏的事情。同时，教师在黑板旁边的墙上贴上两张 A3 纸。 学生填写完毕，依次将赞赏卡贴在黑板旁边的白纸上他们所喜好的任何位置。 教师带领学生欣赏白纸上五颜六色的赞赏卡上的内容，并与学生一起归纳概括出最值得父母称赞的事情。 教师肯定学生的表现，强调他们的优点，提醒他们过去曾有过许多的成功经历。	附件 2：赞赏卡； A3 白纸	10 分钟
活动三：我的快乐时代（回味成功的经历及感受）	教师鼓励学生分享交流自己过去在不同领域内的成功经历及感受，帮助他们正视自身的能力，并请其他学生以掌声赞赏其为那次成功经历所付出的努力。		8 分钟

续前表

活动	步骤	教学工具	时间
总结与反思	教师鼓励学生学会自我欣赏，多看到自己的成功经历。即便父母暂时没有发觉自己的优点和长处，讲了一些负面的话语，学生也应该肯定自己，以实际行动向父母显示自己的能力。 教师播放手语歌舞《我真的很不错》，请学生一起模仿。	手语歌舞《我真的很不错》	2分钟
延伸活动：成功互助社	鼓励学生在卡片上写下平时的学习心得，包括复习时间安排、笔记策略、作文心得、考试技巧等。教师将学习心得收集起来贴在年级板报上，让学生共享如何能在学业上取得成功的经验。		

附件 1

父母生气时

你的父母对你说过这样的话吗？

瞧你这孩子！整天想着上网，房间都不收拾！

你这孩子，整天不专心读书，难怪考试考不好！

成天都说“行啦”、“行啦”，都不知道你在做什么！

你又不好好读书，成天尽想着玩！

你呀！一次这样，两次也是这样，屡教不改！

你不要整天惹我生气行不行？真不招人待见！

你看人家×××……你再看看你！

附件 2

赞赏卡

主题五 抗逆力

抗逆力又称为心理弹性、韧性、复原力，是指个体身处困难、挫折、失败等逆境时的心理协调和适应能力。面对逆境，抗逆力能使人保持良好的心理健康状态；同时，克服困难的经验又能进一步提升抗逆力水平。抗逆力高的人具有良好的适应性和抗压能力，不仅不会被危机和挫折压垮，还能自我调整、战胜困难，从而获得良好发展。

抗逆力是个体内部保护因素与外部保护因素相互适应、共同作用的结果。内部保护因素指个体自身具有的应对危机、聚集力量、渡过难关的心理能力和人格特征。外部保护因素指个体所在的环境中能促进个体积极应对、克服危机、获得良性适应的条件与资源，主要包括家庭、学校、社区和同辈群体。当外在压力和危机袭来时，个体内外部保护因素会做出自动化反应，共同应对外在压力，解除危机。

初一学生性格可塑性强，同时，他们从小学升入初中，在学习内容、学习方法、人际关系、身心发育等诸多方面都面临挑战。教师应帮助学生提升抗逆力水平，顺利度过这一重要阶段。因此在初一的教材中，抗逆力的培养着重教导学生认识抗逆力的内在保护因素（包括提升学生处理冲突的能力）和外在保护因素（加强与外在保护性环境的联结），引导学生从不同的角度分析问题、适应逆境。本主题下第一课引导学生从不同角度去理解冲突的成因，以冷静的心态应对冲突，从而增强他们抵抗逆境的能力。本主题下第二课鼓励学生勇于面对失败，引导学生积极发掘外部保护因素，懂得遇到困难时向身边合适的人倾诉或求助。

第九课 冲突教室

本课概述

本课目的：了解旁观者在冲突过程中的重要性及辨识五种应对冲突的心态。

本课流程：

1.【导入】引导学生认识同学间的冲突也是一种逆境，并引发他们关于冲突的思考。

2.【活动一：冲突教室】学生表演心理短剧，并讨论冲突的成因及处理方式。

3.【活动二：冲突动物园】介绍五种不同的处事态度，引导学生认识在冲突处理过程中人际关系和做事目标同样重要。

4.【总结与反思】教师强调旁观者在冲突事件中的责任，鼓励学生向“猫头鹰型”冲突处理模式努力。

5.【延伸活动：观察入微】请学生本周内留意身边是否有冲突，如有，则尝试自己解决。

教学目标

1. 协助学生寻找最少三个引起或加剧冲突的因素。
2. 了解旁观者在冲突过程中担当着决定性的角色。
3. 辨识五种应对冲突的心态。

教学重点

1. 引导学生思考引起或加剧冲突的原因。
2. 引导学生思考旁观者的作用。
3. 探讨应对冲突的心态并学习新的处理模式。

教学难点

引导学生充分思考不同类型的人之间在应对冲突时可能出现的情况。

兴 趣 点

1. 学生对参与或欣赏与他们生活息息相关的心理短剧有着浓厚的兴趣。
2. 学生通常对“冲突动物园”活动感到很新奇。

教学准备

1. “冲突教室”角色扮演。
2. “冲突教室”剧情。
3. “冲突动物园”资料。
4. 笑临秘籍。

教学过程

活动	步骤	教学工具	时间
导入	教师导语：同学们，今天我们开始学习新的主题——抗逆力。我们常常会说，这个同学的抗逆力很强，那什么是抗逆力呢？ 教师引导学生思考他们身边有哪些逆境，帮助他们认识到同学之间的冲突也是一种逆境，引出课程：冲突教室。 教师询问： 1. 你在学校里和同学发生过冲突吗？		5分钟

续前表

<table>
<tr><th>活动</th><th>步骤</th><th>教学工具</th><th>时间</th></tr>
<tr><td>导入</td><td>2. 因为什么引发的冲突呢？你又是如何处理冲突的呢？
3. 你觉得自己是冲突处理的专家吗？
请同学们自由回答。</td><td></td><td>5 分钟</td></tr>
<tr><td>活动一：冲突教室（引导学生分析冲突的成因并发现旁观者的作用）</td><td>1. “冲突教室”表演。
（1）请四位热爱表演的学生提前准备，共同表演“冲突教室”情景小品。
（2）向其他同学介绍这四位同学的角色和性格后，请同学们观看心理短剧。
（3）小组讨论：
短剧中的这场冲突形成或加剧的原因是什么？请找出三个以上的原因。
你认为旁观者当时的反应是什么样的？
你们有处理冲突的好提议吗？
2. 教师小结。
冲突的原因可能有很多，需要我们从不同角度看待冲突。当遇到冲突时，要尝试了解对方的感受、寻求他人的协助、控制自己的情绪、避免人身攻击。在冲突过程中，沉默的旁观者充当着重要的角色。</td><td>附件 1：“冲突教室”剧情</td><td>20 分钟</td></tr>
<tr><td>活动二：冲突动物园（辨识不同的处事态度）</td><td>教师语：面对冲突，不同的人常常会有不同的应对方式。我们的“冲突动物园”里有一群小动物，它们面对冲突也有着自己不同的办法。让我们一起去看看吧。
1. 向学生介绍“冲突动物园”里五种动物应对冲突时不同的处理态度。
2. 请学生思考这五种处理态度的区别在哪里，引导他们认识到在处理冲突的过程中，人际关系和做事目标同样重要。
3. 教师带领学生以人际关系和做事目标两个角度来分析五种冲突处理方法：
<table>
<tr><th></th><th>人际关系</th><th>做事目标</th></tr>
<tr><td>躲避</td><td>不强调</td><td>不强调</td></tr>
<tr><td>争胜</td><td>不强调</td><td>强调</td></tr>
<tr><td>妥协</td><td>一般</td><td>一般</td></tr>
<tr><td>让步</td><td>强调</td><td>不强调</td></tr>
<tr><td>留心面对</td><td>强调</td><td>强调</td></tr>
</table></td><td>附件 2：“冲突动物园”资料</td><td>12 分钟</td></tr>
</table>

续前表

活动	步骤	教学工具	时间
活动二：冲突动物园（辨识不同的处事态度）	4. 小组讨论： （1）不同类型的人碰到一起，会发生什么事情呢？ （2）你认为哪一种处事态度最有参考价值？	附件 2："冲突动物园"资料	12 分钟
总结与反思	教师语：面对冲突，我们首先要从不同角度去看待它，先控制自己的情绪、试图了解对方的感受，然后再来应对。不同的人有不同的冲突应对方法，最好的方法是在解决冲突的同时也能考虑到别人的感受，做个受欢迎的人。 课后赠送"笑临秘籍"，送给学生应对冲突的好方法。	附件 3：笑临秘籍	3 分钟
延伸活动：观察入微	让学生在本周内留意身边的人有没有发生冲突。如果有，请尝试在自己能力范围内调解，并在下次上课时汇报成果。		

附件1

“冲突教室” 剧情

角色性格卡	
角色：阿文（冲突当事人） 性格：冲动，做事前甚少了解事实真相	角色：阿德（冲突当事人） 性格：较被动、内向，少向别人吐露心事
角色：阿蓝（旁观者） 性格：怕事，以不惹上麻烦的态度处事	角色：阿紫（旁观者） 性格：怕事，以不惹上麻烦的态度处事

第一幕

阿文在课间休息时把笔袋放进书包便离开教室，过了一会儿他回来后发现笔袋不在桌面上……

（其实他忘记了自己把笔袋放进书包）

阿蓝和阿紫一直在班里，因此目睹了事件的经过……

建议对白

阿文：休息了！我要出去好好玩！（同时将笔袋放进书包）（玩了一会儿……）

阿文：玩完回来了……咦?！我的笔袋去哪里了啊？

阿蓝、阿紫：……（不说话，只是站在一旁一直看着）

第二幕

阿文一口咬定阿德偷了笔袋，因为阿文见到阿德在自己座位附近徘徊……

阿文一直呵斥阿德，阿德却一直低头不语……

建议对白

阿文：一定是你偷了我的笔袋！刚刚看到你在我座位旁边鬼鬼祟祟的！

阿德：呃……呃……

阿蓝、阿紫：……（在旁边观看并细声谈话）

第三幕

阿文继而推撞阿德，阿德忍不住还手……“世纪大战”一触即发……

建议对白

阿文：肯定是你！问你又不出声！你快点把笔袋交出来！（这时阿文开始推撞阿德）

阿德：你闹够了吗！凭什么推我啊?！（阿德也推撞阿文）

阿蓝、阿紫：……（这时，怕事的阿蓝和阿紫离开现场）

剧终

附件 2

“冲突动物园” 资料

冲突动物园

乌龟型：躲避

- 多一事不如少一事……我不掺和，先走了！
- 算啦……忍忍吧……（心想）

冲突动物园

狮子型：争胜

- 你的方法可行吗？还是用我的吧！
- 我的方法最好，就算你不听我的，我也会照用的！（心想）

冲突动物园

猫头鹰型：留心面对

- 其实我们都有共同目标和方向，不如我们一起找一个更有效的方法吧！
- 我希望将这件事做好，也希望同大家保持友谊。（心想）

冲突动物园

狐狸型：妥协

- 要不我们一人让一步，就没啥事了！
- 既然大家都想做好这件事，大家相互妥协一点就能和平解决了！

冲突动物园

小熊型：让步

- 就听你的吧！
- 不要紧，就用你的意见吧！

附件 3

笑临秘籍

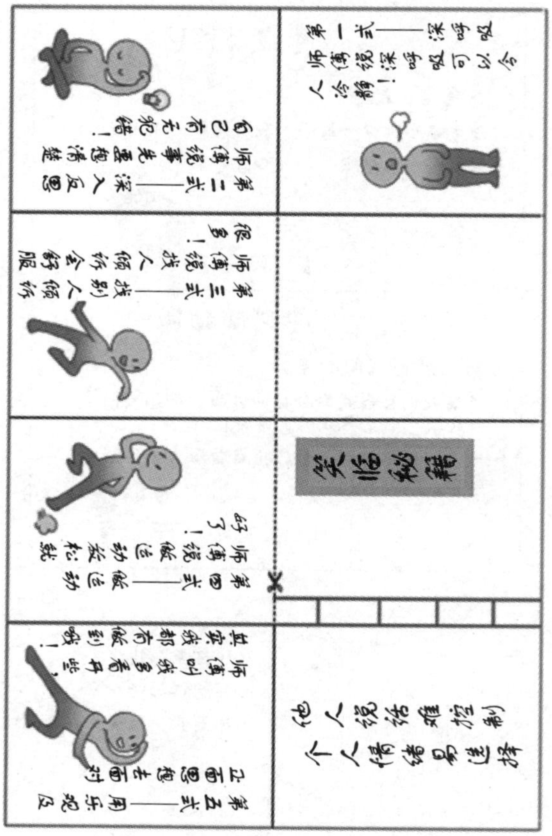
笑临秘籍
第一式——深呼吸
师傅说深呼吸可以令人冷静！
第二式——深入反思
师傅说事先要想清楚自己有无犯错！
第三式——找别人倾诉
师傅说找人倾诉会舒服很多！
第四式——做运动
师傅说做运动放松就好了！
第五式——用乐观及正面思想去面对
师傅叫我多看开些，其实我都有做到哦！
个人情绪自可控
他人说话难控制

第十课

面对失败

本课概述

本课目的：鼓励学生勇于面对失败，遇到困难时懂得向合适的人倾诉或求助。

本课流程：

1.【导入】教师引导学生回顾自己过去失败的经历。

2.【活动一：生还者】观看四名参赛者面对成功或失败的反应，帮助学生认识到失败并不可怕，鼓励学生勇于面对失败并从失败中学习。

3.【活动二：个人反思——面对失败】学生回忆失败经历，反思其中的经验教训，思考遇到不同困难时向谁倾诉或求助。

4.【总结与反思】教师鼓励学生勇于面对失败，遇到不同困难时可向不同的对象求助。

5.【延伸活动：解难日记本】学生在日记本上记录每天生活中遇到的一个困难，然后针对每件事情想出适合求助的对象和三种解决方法。

教学目标

1. 鼓励学生勇于面对失败，学习从失败经验中吸取教训。
2. 帮助学生认识到他们遇到困难时可向不同的对象求助。

教学重点

1. 启发学生了解失败是通往成功的桥梁。
2. 引导学生思考面对失败后的心态。
3. 帮助学生认识到遇到困难时可向合适的对象求助。

教学难点

在活动二“个人反思——面对失败”中，学生可能一下子比较难或不愿意进入情境，教师耐心鼓励学生仔细回顾自己的某次失败经历，写下他们从中学习到的经验教训。

兴趣点

在“一起走过的日子”活动中，学生通常乐于分享自己在遇到不同困难时所求助的对象，并对别人的答案感兴趣。

教学准备

1. “生还者”PPT。
2. “时光隧道”学生页（每人一张）。
3. “一起走过的日子”学生页（每组一张）。

教学过程

活动	步骤	教学工具	时间
导入	教师导语： 1. 你经历过最成功的经验是什么？ 2. 你经历过最失败的经验是什么？ 请同学们自由回答。		5 分钟

续前表

活动	步骤	教学工具	时间
活动一：生还者（引导学生合理面对失败，并从失败中学习）	教师播放“生还者”活动 PPT，并请同学们观看四名参赛者面对成功或失败的反应。 小组讨论： 1. 你认为哪两位参赛者最为成功？ 2. 四名生还者各自的心态反映了他们什么样的性格特点？ 教师小结： 1. 成功或者失败都只是暂时的，我们不仅要用合理的态度去面对它们，还要善于从中学习，总结经验教训。 2. 人生最失败的地方，就是害怕失败。正确对待失败比起成功完成任务来得更重要。	附件 1：“生还者”PPT	15 分钟
活动二：个人反思——面对失败（学生从失败中反思教训，并认识到遇到困难时可以向不同的对象求助）	请学生回想一件你认为失败的往事，并反思在其中有什么可学习的地方。（10 分钟） 请小组合作，共同填写“一起走过的日子”学生页，思考自己在遇到不同的困难时会向什么人倾诉或寻求帮助。（8 分钟） 教师小结： 1. 失败并不可怕，只要我们勇于面对它，并从中反思、学习，成功终将属于我们。 2. 当遇到困难的时候，我们不仅要勇敢面对，还要敢于向周围值得信赖的人倾诉或寻求帮助，他们将帮助我们更好地解决问题、克服困难。	附件 2：时光隧道； 附件 3：一起走过的日子	18 分钟
总结与反思	教师总结： 1. 失败不是最终的结果，而是迈向成功的过程，是每个人必定会面对的挑战，我们要勇于面对失败。 2. 当我们遇到不同的困难时，可以向身边不同的人倾诉或者寻求帮助。		2 分钟
延伸活动：解难日记本	教师请学生在接下来的一周内，在日记本上记录每天生活中遇到的一件困难（如作业不会做、考试考不好等），然后针对每件事情想出适合求助的对象和三种解决方法。		

附件 1

“生还者”PPT

第一组（获胜）

 任务成功	 任务成功
节目主持人：天生领袖，表现无懈可击。 参赛者自评： 证明我很有领导才能。再怎么比我都一样会赢的！	节目主持人：个人能力在整个比赛中是最高的，绝对能完成任何任务。 参赛者自评： 今天运气真好，抽到一个好搭档，我还有好多需要学。

第二组（失败）

 任务失败	 任务失败
节目主持人：绝对会失败！根本没有能力去完成这项任务。 参赛者自评： 我觉得失败是成功之母，这次就当多个经验吧！	节目主持人：完全不明白这么蠢怎么会来参加比赛！ 参赛者自评： 原来自己这么没用啊，我想我以后都不会参加这类比赛了……

附件 2

时光隧道

姓名:

回想过去的生活，有哪一件事你曾认为很失败，但现在回想却能发现在过程中有所收获？请于以下空白区域用文字或图画形式表达那一次失败的经历。

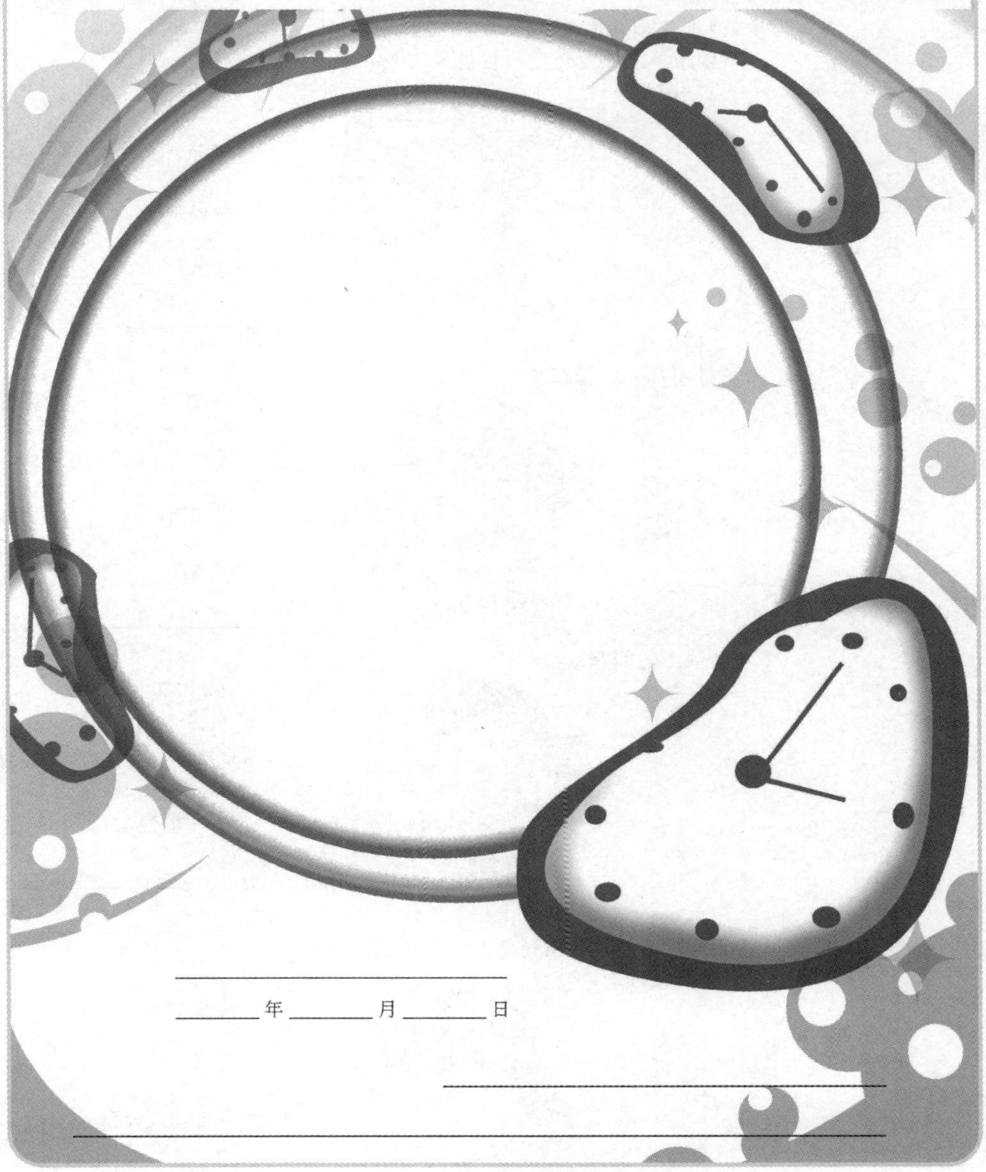

____

______年______月______日

附件3

一起走过的日子

同学们，当你遇到以下事情，你会向什么人倾诉或寻求帮助？为什么？

如果我遇到以下的困难……

我会找……
（请在你认为可依靠的人物旁打✓）

学业遇到困难
（如跟不上课程进度、有很多功课不懂得处理时）

□朋友　□班里同学

□老师　□父母

□自己解决　□其他：________

为什么？______________________

____

心情不佳
（如不高兴、愤怒）

□朋友　□班里同学

□老师　□父母

□自己解决　□其他：________

为什么？______________________

____

金钱上的问题

□朋友　□班里同学

□老师　□父母

□自己解决　□其他：________

为什么？______________________

____

有成功或开心的事希望与人分享
（如成绩理想、获奖）

□朋友　□班里同学

□老师　□父母

□不与别人分享　□其他：________

为什么？______________________

____

主题六 生命理解

生命理解，是指个体对生命所持有的观点和看法，它包括个体对生命本身及其价值和意义的认识、理解与把握。对生命的理解是否正确决定了人们对待生命的态度和行为是否正确，对生命价值和意义的追求层次是否高尚。反之，个体容易产生对生命的漠视，在对生命意义的追寻中也会失去动力和方向。

对于“生命”这一概念，从狭义上理解，生命专指人的生命，即人出生至死亡的全过程；从广义上理解，可以是大自然中一切有机体的存在，包括人、动物、植物、微生物等。因此本主题将从两个方面开展：从狭义“生命”角度，本部分将促进学生对人生意义的理解，引导学生懂得珍惜。从广义“生命”角度，所有的生命都存在于大自然当中，如果大自然被损毁严重，那么所有生物都将走向灭亡。本部分将帮助学生认识到人对环境的关怀根本上是对自己的关怀，人对环境负责的根本理由是对自己负责。

初一学生人格尚未健全，其生命观具有极强的可塑性。同时，他们刚刚进入中学，怀揣着学校、家庭和社会的期望，面临着适应新环境和应对新挑战的压力，他们遇到挫折时更容易对生命的价值产生困惑，对生命的方向产生动摇，甚至产生轻生的念头。教师帮助学生正确地理解生命，培养学生珍惜生命、珍惜眼前的观念，学会欣赏和保护环境，有助于他们提升对新环境的应变和适应力，使之充满生命活力，获得更好的成长和进步。

在初一教材中，生命理解包括两节课，着重探讨什么是生命中重要的东西及认识人与环境的关系。希望学生从中学会珍惜生命和身边的人，并把这份信念延伸到爱惜大自然。本主题下第一课让学生面对“死亡”，思考生命中最重要的东西，加强与身边的人的情感联结。第二课培养学生对大自然的欣赏之情，思考人与环境的关系。

第十一课 我的最爱

本课概述

本课目的： 引导学生思考生命的意义和懂得珍惜。

本课流程：

1.【导入】播放视频《Love life》，引发学生对生命终结的思考。

2.【活动一：什么最重要】学生想象自己即将离世，思考自己生命中最重要的东西。

3.【总结与反思】帮助学生认识对自己来说最重要的东西，鼓励学生懂得珍惜身边的人。

教学目标

1. 引导学生进行自我反省，思考生命的意义。

2. 帮助学生了解和珍惜他们生命中最重要的人和物。

教学重点

活动“什么最重要”的细节设计，如关灯营造气氛，引导学生安静、深思，从而帮助学生获得更好的情感体验。

教学难点

引导学生代入情境，深入思考什么是对自己而言最为重要的东西。

兴趣点

通常学生乐于自我探索，对活动“什么最重要”表现出极大的兴趣。

教学准备

1. 视频《Love Life》（网上下载）。
2. “我的最后选择”学生页（每人一张）。
3. 空白的“重要事项清单”（有需要者每人一张）。

教学过程

活动	步骤	教学工具	时间
导入	教师导语：同学们，今天进入“生命理解”的单元。这个单元里让我们一起发现生命的意义，感受生命的力量！ 教师简单介绍关于生命的视频《Love Life》：这是由我国台湾地区艺人陈建州（黑人）发起的公益活动，温情呼吁活在当下的大家要积极面对生活中的欢乐与痛苦，关爱和珍惜身边的亲人和朋友们。这部短片的采访、拍摄、制作历时两年，记录了一个叫 Dora 的女孩 13 岁到 15 岁的生活场景，即她最后的生命历程。 教师播放视频。 教师语：如果你的生命只剩下一点点，你会用什么态度去面对？	视频《Love Life》	12 分钟

续前表

活动	步骤	教学工具	时间
活动一：什么最重要（引导学生思考什么是自己生命中重要的东西）	教师发放“我的最后选择”学生页。 1. 假如有一天，医生告诉你患了癌症…… 你的生命只剩下三个月，你会做些什么？ 教师请学生将学生页上的选择项目按重要性排序，请他们在每句话后面的 O 内，按照 1 代表最重要，10 表示最不重要填写数字。如果选择项中没有或者漏掉了他们认为重要的东西，他们也可自行补充或单独制作一张“重要事项清单”，并按照它们的重要性排序。 教师强调每个人的选择不同，没有标准答案。 2. 假如你剩下的生命不是三个月，而是 24 小时，你的选择会改变吗？请重新排序。 让学生安静片刻，认真思考，再填写。 3. 假如你在生命的最后 24 小时，你只能保留其中三个选择，你会怎样选择呢？ 请同学们在学生页上删除不要的项目。 4. 小组讨论： 组内分享三次的选择有何不同/相同之处？为什么？教师请一位同学汇报本组同学的分享。 教师请愿意发言的同学分享整个活动过程中的感受和选择，并为他们真诚的分享给予鼓励和赞赏。	附件：我的最后选择；空白的“重要活动清单”	25 分钟
总结与反思	教师语：这个活动中，你所选择的这三样真的是你觉得最重要的东西吗？真的是你生命的理由吗？真的是你不惜牺牲自己的生命去追求和奋斗的吗？如果是，那么，为了你生命中最重要的人和东西，到目前为止，你做了什么呢？有没有你一直想做但却没有做的事情？ 我们每个人都有生命终结的一天，如果我们从今天就开始做我们认为重要的事，而不是到人生最后的阶段才做，人生会不会更充实和美满呢？		3 分钟

附　件

我的最后选择

姓名：

请按重要次序填上 1 至 10。1 代表最重要，10 代表最不重要。

选择项目	（一）	（二）
1. 尽量做自己喜欢的事（如上网、逛街）…………………	❍	❍
2. 尽量买自己喜欢的东西…………………………………	❍	❍
3. 去自己喜欢的地方玩……………………………………	❍	❍
4. 与偶像见面………………………………………………	❍	❍
5. 尽量和最好的朋友在一起………………………………	❍	❍
6. 尽量花时间和家人一起…………………………………	❍	❍
7. 遍寻名医…………………………………………………	❍	❍
8. 做义工，尽自己最后的努力帮助人……………………	❍	❍
9. 写一篇自传，给后人阅读………………………………	❍	❍
10. 其他（请自行填写）……………………………………	❍	❍

第十二课 地球你好吗？

本课概述

本课目的：引导学生学会欣赏和爱护大自然，并思考人与自然的关系。

本课流程：

1. 【导入】播放中国各地的自然美景图片，欣赏大自然之美。

2. 【活动一：美丽的威胁】播放歌曲《剧组在哪里》，请学生思考个人行为可能对大自然造成的影响。

3. 【活动二：50 年后的我们】播放视频《地球你好吗?》，请学生思考持续遭人为破坏的地球 50 年后会怎样，并制作思维导图。

4. 【活动三：我是谁?】请学生思考人类与大自然的关系。

5. 【总结与反思】教导学生用心体会大自然的美好，从自身做起保护环境。

6. 【延伸活动：生化危机】请学生观看有关人类破坏大自然的电影，并与学生讨论如何防止电影中的灾难发生在现实生活当中。

教学目标

1. 培养学生对大自然的欣赏之情。
2. 思考人类与大自然的关系。

教学重点

1. 培养学生对大自然的热爱之情。
2. 引导学生认识人类与大自然的共生关系。

教学难点

在“50 年后的我们”活动中，有的学生可能一时想象不出来，教师应鼓励他们更加大胆地思考和想象。

兴 趣 点

学生对歌曲和视频很感兴趣，并乐意欣赏各组制作完成的思维导图。

教学准备

1. 中国自然美景图片 PPT（网上下载）。
2. 歌曲《剧组在哪里》（网上下载）。
3. 视频《地球你好吗?》（网上下载）。
4. 大白纸（每组一张）。

教学过程

活动	步骤	教学工具	时间
导入	教师播放中国自然美景图片 PPT，带领学生欣赏中国各地有代表性的自然美景，请他们识别这些美景，并邀请去过的学生为大家作简单的景点介绍。	中国自然美景图片 PPT	5 分钟

续前表

活动	步骤	教学工具	时间
活动一：美丽的威胁（引导学生思考个人行为对大自然的影响）	播放歌曲《剧组在哪里》，引发学生思考人类行为对大自然的影响。 教师进一步呈现学生日常生活中的一些行为（如吃自助餐时拿太多吃不完、乱扔废弃物、浪费水电纸、买不必要的衣服等），请学生思考这些行为对环境的影响。 教师小结：环境保护人人有责，保护环境不仅包括节约水电、节约用纸、垃圾回收，还包括不浪费食物和不购买非必需的衣服等，因为，这些都是在消耗我们有限的资源。	歌曲《剧组在哪里》	10 分钟
活动二：50 年后的我们（想象环境继续被破坏，人类 50 年后可能的生活）	教师播放视频《地球你好吗?》。 学生观看完视频后，思考持续遭人为破坏的地球 50 年后会怎样，并以小组为单位以“50 年后的我们”为主题制作思维导图。 学生完成后，以小组为单位进行展示和汇报。	视频《地球你好吗?》、大白纸	15 分钟
活动三：我是谁?（思考自己与环境的关系）	教师请学生一起思考人类与大自然的关系。 寄生者？——我们只是在地球上寄生，所以可以任意提取资源，不必理会资源问题。 管理者？——我们掌管着地球，可以任意使用资源，开山填海，改变自然环境。 共生者？——我们与地球共存，我们应顺应自然，跟随大自然的节奏和规律。		3 分钟
总结与反思	教师语： 1. 大自然的美好需要我们用心去体会和感受。 2. 我们应从自身做起，在日常生活中保护好周围的环境。		2 分钟
延伸活动：生化危机	教师播放有关人类破坏大自然的电影，如《生化危机》。观影结束后，教师与学生讨论如何防止电影中的灾难在现实生活中发生。		

主题七

建立目标和抉择的能力

培养学生建立目标和抉择能力，即协助他们建立理想的目标和计划，培养达成目标的信念、信心、自控能力和动力，引导他们在遇到障碍时，尝试以各种不同的方法实现目标。建立目标和抉择能力强的学生通常表现为精力充沛、充满自信，勇于接受挑战，有较高的自我评价和较佳的学业成绩等特点。

初一学生刚刚步入青少年期（11、12 至 17、18 岁），这是一个集中建构新思想、新观念、自我信念以及确立价值观的时期，培养学生建立目标和抉择能力对于他们自我同一性的形成具有至关重要的作用。同时，面临对新环境和新学习阶段的探索和适应问题，他们更需要尽早做出调整，建立新的目标，这不仅有助于规范他们初中阶段的学习行为，提高学习效率，还有利于他们长远的自我发展和自我实现。因此，在初一的教材中，本主题主要包括两个方面，首先是引导学生建立较为长远和清晰的人生目标；其次是细化目标，制订计划，帮助学生实现目标。本主题下第一课着重引导学生认识目标的重要性，建立适宜的人生目标。第二课帮助学生掌握制定目标和计划的原则，并应用此原则制订实现目标的计划。

第十三课 人生指南针

本课概述

本课目的：帮助学生建立人生目标，鼓励学生积极寻找人生方向。

本课流程：

1.【导入】引导学生认识自己的很多行为都受到思想和信念的影响。

2.【活动一：跳高实验】通过跳高实验，引导学生认识到目标的重要性。

3.【活动二：成功背后】介绍莉丝·默里成功背后的故事，引导学生明白人生目标的意义。

4.【活动三：人生指南针】请学生在“人生地图”上列出自己可做、能做、想做和应做的事情。

5.【总结与反思】强调目标的重要性，鼓励学生尽早建立合适的目标。

6.【延伸活动：听听他人的故事】请学生回家询问家里长辈年轻时的目标。

教学目标

1. 帮助学生认识建立人生目标的重要性。

2. 引导学生思考自己在学业、家庭或交友等方面可做、能做、想做和应做的事情。

教学重点

1. 帮助学生认识目标的重要性。

2. 引导学生思考自己在不同领域内的目标。

教学难点

在“人生指南针”活动中，有的学生可能因一时想不出来而产生畏难情绪，教师应多加鼓励或以自己为例介绍自己的“人生指南针”。

兴趣点

学生通常对导入活动以及名人成功背后的故事很感兴趣。

教学准备

1. 学生参考图、剪刀。

2. 莉丝·默里15分钟励志演讲视频（网上下载，关键词：莉丝·默里、励志；时长15分钟）。

3. 人生指南针（每人一个）。

4. “人生指南针”PPT。

5. 人生地图（每人一张）。

教学过程

活动	步骤	教学工具	时间
导入	教师邀请学生进行下面的活动。 1. 请学生双手握紧，伸直两只食指（手指间相距1至2厘米），请学生把注意力集中在食指上，想象两只手指头有磁石般的引力。 2. 以低沉的声音营造气氛：越吸越近……越吸越近……快要贴在一起了……正常情况下，学生会观察到两只食指的距离越来越近。 当大部分学生成功做到后，教师问学生是什么促使手指相互靠近的。	学生参考图： 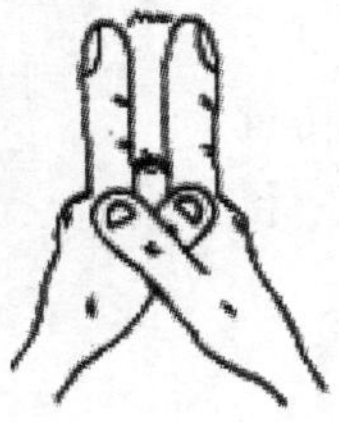	2分钟

续前表

活动	步骤	教学工具	时间
导入	教师引导学生发现手指不自觉地靠近是受到思想的驱动。我们日常生活中的很多行为和处事方式都受我们的思想和信念的影响。 【说明】有一些学生可能会因为失败而质疑教师的结论，教师可鼓励他们课后继续尝试这个小活动，并请他们留心观察生活中同样能说明行为受思想和信念影响的其他事例。	学生参考图： 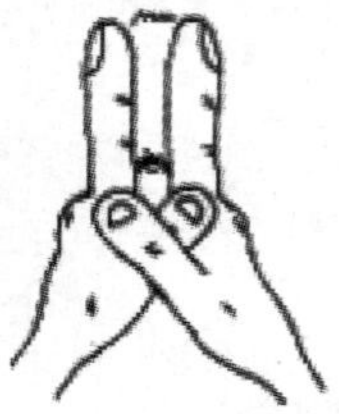	2 分钟
活动一：跳高实验（认识目标的重要性）	教师语：在一个跳高实验中，实验对象被分为两组。第一组，教练不作任何技术指导，只根据每个人的特点和差异，每天确定不同的跳高目标。第二组，教练也不作任何技术指导，但是不确定跳高目标，完全按照实验者自己的意愿，想跳多高就跳多高。经过一段时间的实验，第一组的成绩比第二组高出许多。 教师请学生讨论：为什么两组的跳高成绩会出现明显差异呢？ 教师小结：这个实验表明，人在一个确定的目标下，会调动一切积极因素，从心理和生理上都会努力实现自己的目标。没有目标，生活就是盲目的，人就不会运用和发挥自己的智慧才能，就会无所事事、庸庸碌碌、虚度光阴。		2 分钟
活动二：成功背后（明白人生目标的意义）	教师语：莉丝·默里，出生于 1980 年 9 月 23 日，是一名美国励志演说家，她被称为感动全美的“奇迹女孩”，她出生于贫民窟，她以奋斗自强考上哈佛的经历激励人们跨越困境去追寻自己心中的梦想，人们称她拥有世界上最阳光的笑容。请你认真默读，反复体会，这样这个故事就能真正影响你的潜意识，塑造你的好习惯。请深呼吸，完全进入莉丝·默里的角色，和她一起成长。 学生观看莉丝·默里 15 分钟励志演讲，然后请学生思考并回答以下问题： 1. 是什么造就了今天的莉丝·默里？ 2. 她是怎么为自己确立目标的，又是怎样付诸行动的？ 3. 你听了莉丝·默里的故事有什么感想和体会呢？ 4. 你有自己的人生目标吗？如果有，是什么呢？ 教师小结：人生之旅始于设定目标，有了目标，人们才能找到前进的方向，才能到达成功的彼岸。越早建立目标，我们就越有可能收获成功的喜悦。	莉丝·默里 15 分钟励志演讲视频	20 分钟

续前表

活动	步骤	教学工具	时间
活动三：人生指南针（引导学生思考人生方向，确立人生目标）	教师语：人生目标的确立需要清晰的人生方向，但人生方向需要时间去思考和摸索。 教师给每位学生派发“人生指南针”，并请他们观察它与普通的指南针的区别。然后教师播放“人生指南针”PPT，解释人生指南针上的英文字母的意思。 讲解完毕，教师派发“人生地图”学生页，请学生把“人生指南针”放在“人生地图”上。教师先选择一个范畴，如学业、交友等。学生根据“人生指南针”所指的方向（如 M 可做的事），写上自己有机会做的事情。 学生转动“人生指南针”，根据它的指向，分别填上该范畴内与 M、C、W 及 O 相关的事情。以此类推，直到完成“人生地图”中的绝大多数范畴。学生完成后教师请学生在课堂上分享。 教师小结： 1. 积极美好的人生方向激发我们对生活的热爱。 2. “W 想做的事”就是这四个范畴的人生目标。 3. 认真思考自己的人生目标，体会实现目标后自己的喜悦。 【说明】有些学生可能因为一时想不出来而不愿填写，教师应鼓励他们充分思考，如有需要可以以自己为例进行说明。	附件 1：人生指南针； 附件 2：“人生指南针”PPT； 附件 3：人生地图	15 分钟
总结与反思	教师语：建立和选择合适的目标对于每个人都是很重要的。请大家认真思考自己确立的人生目标，思考其对人生的意义。下节课我们将一起朝着我们设定的目标努力，争取早日实现它！		1 分钟
延伸活动：听听他人的故事	请学生回家询问家里长辈年轻时的目标，是否实现，为什么没有实现。		

附件1

人生指南针

（教师沿虚线剪下， 每位学生一个）

附件 2

“人生指南针” PPT

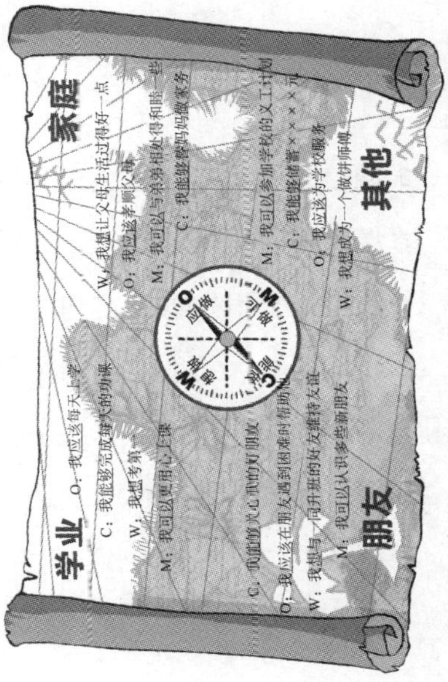

附件 3

人生地图

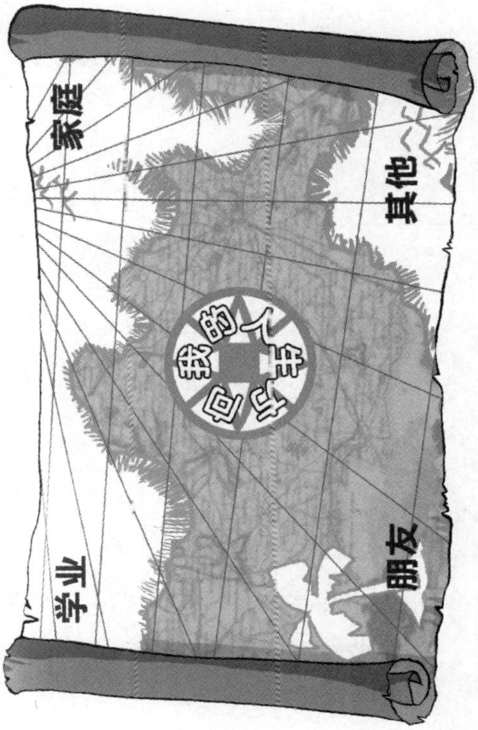

第十四课 一路向前

本课概述

本课目的：引导学生建立合适的目标并制订计划。

本课流程：

1. 【导入】引发学生对如何实现目标的思考。

2. 【活动一：帮助他们制定目标及计划】学生帮助他人制定学习目标，并从中学习制定目标的原则。

3. 【活动二：我的目标卡】学生应用制定目标的原则，为自己做一张目标卡。

4. 【总结与反思】鼓励学生养成制定目标和计划的好习惯，争当时间的主人。

教学目标

1. 引导学生了解制定目标的重要性。

2. 引导学生理解目标和计划的制定原则。

教学重点

1. 帮助学生了解制定目标的原则。

2. 鼓励学生根据目标制定的原则为自己设定目标。

3. 营造和谐、友善、充满关爱和信任的课堂氛围。

教学难点

1. 引导学生在“我的目标卡”活动中仔细思考，认真填写他们的目标卡。

2. 营造高信任感的课堂氛围，鼓励学生真诚交流自己的目标。

兴趣点

学生通常很乐意扮演指导者的角色，帮助别人解决他们学习上的问题。

教学准备

1. 空白纸、彩笔（每小组一套）。
2. 阿美和小文的成绩单。
3. “学霸”的假期计划表。
4. 目标卡（每人一张）。

教学过程

活动	步骤	教学工具	时间
导入	教师导语：同学们，上节课我们一起讲了目标的重要性，并且每个人都建立了自己的目标。那么在现在每天的生活里，你是怎么设定你的目标并为之努力的呢？今天我们一起学习如何建立适合自己的合适的目标。		2 分钟
活动一：帮她们制定目标及计划（学习建立目标的原则）	1. 帮她们制定目标和计划。 教师语：我们身边有几位同学最近在学习上遇到了一些困难，你愿意去帮助她们吗？ 教师介绍阿美的情况（文科成绩偏低，理科成绩高，性格外向等）和小文的情况（文科成绩高，理科成绩低，性格内向等）。	空白纸、彩笔； 附件 1：阿美和小文的成绩单； 附件 2：“学霸”的假期计划表	25 分钟

续前表

活动	步骤	教学工具	时间
活动一：帮她们制定目标及计划（学习建立目标的原则）	教师发放白纸、彩笔，以小组为单位，分别帮助阿美和小文制定学习的目标和计划。教师提示学生从以下三个方面加以考虑： （1）哪些方面需要改善？ （2）如何改善？ （3）怎样安排时间？ 小组汇报后，教师请所有同学思考：怎么样的目标好执行？为什么？ 教师从小组汇报纸汇总出好的目标及计划，并引导学生大致说出制定目标的原则：应具体、有意义、可达成、重实际、要适时。 2. 介绍目标制定的SMART原则。 教师语：正像大家总结的，制定目标有个著名的SMART原则，S应具体，目标要具体、明确；M有意义，目标要对生活有意义，不能假大空；A可达成，要量力而为；R重实际，是有实际价值的；T要适时，有时间压力才有动力。接下来，我们来看一位学长的周末计划，看看他的计划符合SMART原则吗？ 当学生检查计划表并认同该计划符合SMART原则时，教师说明这是一位高年级的“学霸”学长制订的计划，并询问这个计划表给学生什么样的启发。学生发言后，教师给学生推荐一种制定目标的小方法，即以时间表的方式规划时间，能够更好地利用时间。教师鼓励学生在学习这个方法的同时，也可以使用自己喜欢的方法。	空白纸、彩笔； 附件1：阿美和小文的成绩单； 附件2：“学霸”的假期计划表	25分钟
活动二：我的目标卡（练习建立目标并制订计划）	教师发放“我的目标卡”学生页。 教师语：现在每位同学都拿到一张目标卡，大家可以选择一个目标并制订计划。这个目标可以是学习方面的、生活方面的、人际关系方面的等等。大家可以标注这个目标的挑战星级，并找一位同学作为你“立志”的“见证人”，给你签名，为你写上鼓气的话。 教师提醒学生在制定目标和计划的同时，要应用刚刚学过的SMART原则。学生填写完毕，教师请几位学生分享自己的目标卡。全班对这些学生表示欣赏和鼓励。	附件3：我的目标卡	12分钟

续前表

活动	步骤	教学工具	时间
活动二：我的目标卡（练习建立目标并制订计划）	【说明】有些学生可能因为担心遭到嘲笑等原因，不愿意将自己的目标卡示人，或者不愿意将自己的真实目标暴露给同学们。遇到这类情况，教师应正确引导他们，鼓励他们适当坦露的同时，要求其他学生给予他们更多的关爱。如果他们实在不乐意分享给其他同学看，教师也应当尊重他们的决定。	附件3：我的目标卡	12分钟
总结与反思	教师总结：目标是行动的导航灯，是我们努力的方向。我们每个人只要有目标，并且朝着目标不断努力，胜利就会不期而至！		1分钟

附件 1

阿美和小文的成绩单

阿美（初一）	总分 100，及格分为 60 分		
科目	上学期	下学期	评语
语文	70	60	作文常常词不达意。
英语	75	65	语法有待改善。
数学	75	85	继续努力，方程式部分学得不错。 但是上课常常走神。
体育	85	85	上课很投入，对每项运动都很热爱。
音乐	85	90	歌唱得很好，也很有技巧。
其他			
迟到/早退：无 性格：外向、开朗			

小文（初一）	总分 100，及格分为 60 分		
科目	上学期	下学期	评语
语文	90	88	上课专心，建议多开口多发言。
英语	95	90	勇于发问，语法掌握不错。尝试放胆说英语会更佳。
数学	60	70	整体上都能掌握，可尝试从其他方面挑战更复杂的题目。
体育	70	65	是一位比较安静的同学。
音乐	83	85	对音乐的感受力很好，宜加以发挥。
其他			
迟到/早退：迟到 5 次 性格：内向、安静			

附件 2

“学霸”　的假期计划表

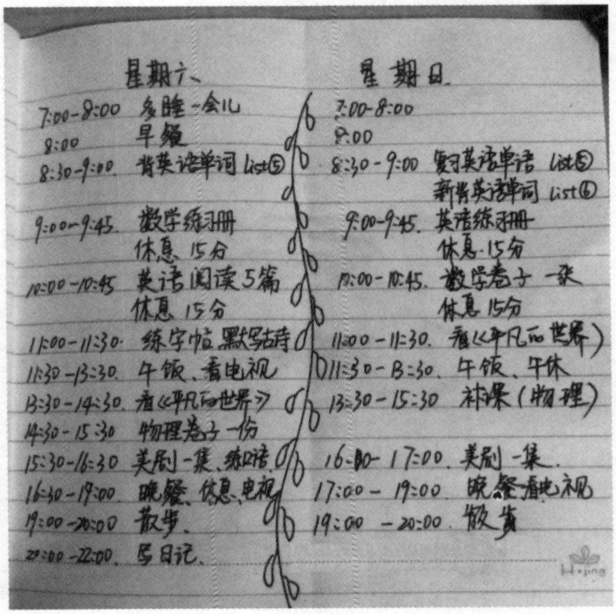

星期六、

7:00-8:00 多睡一会儿
8:00 早餐
8:30-9:00. 背英语单词 list⑤
9:00-9:45. 数学练习册
休息 15分
10:00-10:45 英语阅读5篇
休息 15分
11:00-11:30. 练字帖.默写古诗
11:30-13:30. 午饭、看电视
13:30-14:30. 看《平凡的世界》
14:30-15:30 物理卷子一份
15:30-16:30 美剧一集、练口语.
16:30-19:00. 晚餐、休息、电视
19:00-20:00 散步.
20:00-22:00. 写日记.

星期日.

7:00-8:00
8:00
8:30-9:00 复习英语单语 list⑤
新背英语单词 list⑥
9:00-9:45. 英语练习册
休息.15分
10:00-10:45. 数学卷子一张
休息 15分
11:00-11:30. 看《平凡的世界》
11:30-13:30. 午饭、午休
13:30-15:30 补课（物理）
16:00-17:00. 美剧一集.
17:00-19:00. 晚餐看电视
19:00-20:00. 散步

附件3

我的目标卡

目标订得好，进步快又高

立志者______________ 时限______至______
日 月 年 日 月 年

我的目标______________________

执行方法______________________

____

____

挑战星级

☆☆☆☆☆

目标小贴士

Specific
Meaningful
Achievable
Realistic
Timely

给立志者的鼓励

我为你打气：

□成功在望 □It is possible □我信你能够

____
见证人

成长心路 好目标：应具体·有意义·可达成·重实际·要适时

主题八

分辨是非的能力

分辨是非的能力是指个人对道德议题做出合理、公平及符合公众利益的判断能力。分辨是非的能力主要是道德判断的能力，包括对规范、法则、社会公约及基本权利的理解。

初一学生刚刚进入青春期，他们由依附服从变成独立反叛，由喜欢父母变成亲近同伴，由喜欢幼稚变成渴望成长。独立自主意识明显增强的同时，如果他们分辨是非的能力并未完全跟上，则可能出现是非不分、自私任性、不守规则，甚至误入歧途等情况。因此，提升他们分辨是非的能力，促进他们规则感及利他行为的发展，对于初一学生的健康成长是十分重要的。在初一的教材中，分辨是非能力着重提升学生对公平的认识，鼓励他们遵守并制定规则。本主题下第一课帮助学生了解公平是相对的，鼓励学生在日常生活中坚持公平的同时注意情理兼顾。第二课引导学生认识遵守规则的重要性，并学会为自己所处的环境制定切实可行的规则。

第十五课 公平？不公平？

本课概述

本课目的：了解公平的重要性，引导学生认识在日常生活中坚持公平的同时，情理兼顾也很重要。

本课流程：

1.【导入】引发学生对公平的讨论。

2.【活动一：公平与不公平】通过角色扮演，帮助学生认识到公平是相对的。

3.【活动二：谁可先上车?】通过实际事例，讨论日常生活中的公平原则。

4.【总结与反思】教师总结维持公平的原则，并强调在维持公平的同时也需情理兼顾。

5.【延伸活动：实地观察】学生观察在公共场所遇到的不公平的事情，并于下节课分享自己当时的感受及处理方法。

教学目标

1. 引导学生明白公平是相对的。

2. 帮助学生认识到维持公平时，需要平衡各方的需要，最好能做到情理兼顾。

教学重点

1. 引导学生认识公平是相对的。

2. 鼓励学生坚持公平，遭到不公平的对待时，应及时反映。

3. 了解维持公平的同时，情理兼顾也很重要。

教学难点

在活动二中，有些班级可能因为辩论得过于热烈而在教师宣布结束时仍意犹未尽，或因为代表乘务员的小组与自己组的意见不合而发生矛盾、争执等情况。

兴 趣 点

学生对于活动一的角色扮演和活动二的各方大辩论通常很感兴趣。

教学准备

1. 角色头套（6 个，硬纸自制）。
2. “小鸡的蛋糕”学生页（6 张）。
3. “谁可先上车？”学生页（每组一张）。
4. 活动二教学建议（教师参考资料）。

教学过程

活动	步骤	教学工具	时间
导入	教师导语：同学们，在日常生活中你们有没有遭受过不公平的待遇？没有公平会怎么样？我们应该怎样维持公平？		2 分钟
活动一：公平与不公平（学生体验公平和不公平）	1. 活动过程。 教师请七位学生上台，其中六位学生戴上头套，分别扮演六个角色（小鸡、小牛、小鸭、小猪、小鹅、村长），另一位学生负责读旁白。 教师发给这六位学生每人一张“小鸡的蛋糕”学生页，请他们读出自己代表的角色所说的话。	附件 1：小鸡的蛋糕； 角色头套	10 分钟

续前表

活动	步骤	教学工具	时间
活动一：公平与不公平（学生体验公平和不公平）	【说明】建议教师课前先在学生页上分别进行标注，标记出六个角色应说的话语，以便学生更好地投入情景当中。如发给扮演小鸡的同学的学生页上，注明为小鸡，并将小鸡所说的全部话语标亮。 2. 讨论与小结。 教师请学生思考并回答：针对这个故事，你如何理解公平与不公平？ 教师总结学生发言，进行小结： （1）公平是相对的，而不是绝对的。 （2）每个人都有自己的感受，有自己的喜好，因此很难保证一个人对其他任何人都公平对待。 （3）每个人的能力各有不同，无法做到在复杂的社会中对每个人的绝对公平。	附件 1：小鸡的蛋糕； 角色头套	10 分钟
活动二：谁可先上车？（讨论如何在日常生活中应用公平原则）	1. 思考与讨论。 教师给每组发放一张“谁可先上车？”学生页，组织全班分组讨论。 在学生阅读并小组讨论完“谁可先上车？”故事内容后，教师以抽签形式安排各组为情景中不同角色发言： 一组学生代表小丽发言，以她的立场思考理由。 一组学生代表张伯伯发言，以他的立场思考理由。 一组学生代表其他乘客发言，说出他们对有关情景的观点。 一组学生代表乘务员，聆听三方的理由，提出解决/预防的方法及其理由。 2. 各方大辩论。 教师给学生 5 分钟讨论时间，之后带领学生按照以下程序进行辩论活动： （1）由代表小丽的小组解释为什么自己应先上车，为什么张伯伯插队是不公平的。 （2）由代表张伯伯的小组解释为什么自己应先上车，否则就是对他不公平。 （3）由代表其他乘客的小组发言，说出对此事的看法。 （4）由代表乘务员的小组向各方提问，并最终决定谁可以先上车。	附件 2：“谁可先上车？”学生页； 附件 3：活动二教学建议（教师参考资料）	25 分钟

续前表

活动	步骤	教学工具	时间
活动二：谁可先上车？（讨论如何在日常生活中应用公平原则）	最后教师问全班谁可以先上车，学生举手投票。教师再问学生：如果张伯伯没有病，你会不会让他先上车？学生再次举手表决。 接着，教师引导学生思考以下问题： 1. 公平是否代表每个人都应享有一样的东西？ 2. 在维持公平时，少数人的需要是否应该考虑？ 3. 对于公平和少数人的需要，你认为应当如何取舍？ 【说明】 1. 教师可以设立一些奖项，鼓励学生发言，例如最佳表现奖、最佳发言奖等。 2. 有些班级讨论氛围很热烈，教师需把握课堂时间，建议限定每组发言时间。 3. 建议教师在每组发言时，把他们的论点写在黑板上，方便学生总结时归纳参考。 4. 代表乘务员的小组所持有的观点，可能会引起其中一方学生不满，教师需多加留意并控制秩序，并告诉他们本课最重要的目的在于学习和思考，胜负并不重要。	附件 2：“谁可先上车?”学生页； 附件 3：活动二教学建议（教师参考资料）	25 分钟
总结与反思	教师总结： 1. 公平是每个人都追求的，每个人都有自己的理由及需要去追求公平。 2. 我们有责任去维持公平，维持公平可从两方面做起：第一，先从自身出发，学会付出；第二，遇到不公平的事情，就要反映，切勿隐忍。 3. 在维持公平的同时，情理兼顾也很重要。我们需要因时、因事制宜，在情和理之间取得平衡。		3 分钟
延伸活动：实地观察	学生在课后以旁观者或当事人的身份，观察并描述在公共场所遇到的不公平的事情，并于下节课上分享自己当时的感受及所用的处理方法。		

附件1

小鸡的蛋糕

小鸡在谷场上扒着，直到扒出几粒麦子，她叫来邻居，说：“假如我们种下这些麦子，我们就有面包吃了。谁来帮我种下它们？”

小牛说：“我不种。”

小鸭说：“我不种。”

小猪说：“我不种。”

小鹅说：“我也不种。”

“那我种吧。”小鸡自已种下了麦子。

眼看着麦子长成了，小鸡又问：“谁来帮我收麦子？”

小鸭说：“我不收。”

小猪说：“这不是我们应该做的事。”

小牛说：“那会有损我的面子。”

小鹅说：“不做虽然饿一点，但也不至于饿死。”

“那我自已做。”小鸡自已动手收麦子。

终于到了烤面包的时候，“谁能帮我烤面包？”小鸡问。

小牛说：“那得给我加班工资。”

小鸭说：“那我还能享受最低生活补偿吗？”

小鹅说：“如果让我一个人帮忙，那太不公平。”

小猪说：“我太忙，没时间。”

“那我自已做。”小鸡说。

她做好五根面包并拿给她的邻居看，邻居们都要求分享劳动成果，他们说小鸡之所以种出麦子，是因为地里找出了种子，这应该归大家所有，再说，土地也是大家的。但小鸡说：“不，我不能给你们，这是我自已种的。”

小牛叫道：“损公肥私！”

小鸭说：“简直像资本家一样。”

小鹅说：“我要求平等。”

小猪只管嘀嘀咕咕，其他人忙着上告，要求为此讨个说法。

村长到了，对小鸡说：“你这样做很不公平，你不应太贪婪。”小鸡说：“怎么不公平？这是我劳动所得。”村长说：“确切地说，那只是理想的自由竞争制度。在谷场的每个人都应该有他该得的一份。在目前制度下，劳动者和不劳动者必须共同分享劳动成果。”从此以后他们都过着和平的生活，但小鸡再也不烤面包了。

附件2

“谁可先上车？”　学生页

7月10日，暑假，天气晴朗，气温高达39摄氏度。小丽吃过午饭，走到附近的公交车站打算乘坐公交车去上培训班。公交车站排队的人很多，也没有出租车经过，小丽只能跟着其他乘客在猛烈的太阳下等车。

排在小丽前三个位置的张伯伯，刚刚看完医生，手里拿着B超袋子，显得非常疲惫。他排了好一会儿，感到身体不适。于是他告诉身后的乘客，自己需要在阴凉处休息，等公交车来了他再回来上车。排在张伯伯后面的乘客同意了他的请求。

15分钟后，他们等的16座公交车终于姗姗来迟，需要说明的是，由于他们住在山上，地势险峻，当地的公交车规定车上的乘客必须坐在座位上方可开车，也就是说如果车里没有座位了，乘客将不被允许上车。看到车来了，小丽立刻准备好公交卡，准备挤上车。这时，张伯伯也从阴凉处慢慢走出来，准备上车。

小丽看到这一情景，深感不妙。她数了一下排在前面的人数，不算张伯伯，她正好排在第16个。她很担心因为张伯伯和前面的人上车了，她就会因为挤不上这趟公交车而迟到，不仅如此，她还得继续暴晒半个小时才能等到下一班车。于是，她立刻礼貌地向张伯伯说：“伯伯，请你到后面排队啦！不要插队！”张伯伯没有理会小丽，继续随着前面排队的人上车。小丽越来越生气，大声嚷嚷起来：“年纪大了就能随便插队吗?!真是太过分了！”

这时，排在张伯伯后面的乘客开口说：“这位伯伯事先跟我说他不舒服，需要去阴凉处休息。伯伯有病，应该让他先上车。”

小丽立刻回应说：“不可以，这不公平！我也赶时间，不然就会迟到，谁让他不坚持排队呢？等车来了再排队就是插队！就该我先上车！”

张伯伯说：“我跟其他人说过，我离开一会儿是因为我不舒服。我年纪大了，不能在太阳底下暴晒。我又不是故意插队的，我本来就应该先上车！”

其他乘客看到这样，有些人支持小丽，要张伯伯等下一班车；有些人则劝小丽体谅张伯伯让他上车。小丽仍然觉得很不公平，于是请乘务员来帮忙裁决。乘务员也无可奈何。

附件 3

活动二教学建议 （教师参考资料）

1. 情景讨论没有一个预定的结果。如果学生最终认为小丽受到不公平的对待，认为她可以先上车，教师提出问题引导学生思考，如：为了坚持公平，而忽略了别人的需要，是否值得?

2. 如学生认为张伯伯受到不公平的对待并可以先上车，教师应着重解释情理兼顾的重要，避免学生学习张伯伯的行为而不排队。

3. 教师需要引导学生认识到应仔细分析当时情况再定夺，教导他们不可以盲目地因别人有需要就放弃公平。

4. 本节课的重点是教导学生维持公平之余也要情理兼顾。如果学生还是觉得很难决定何时坚持公平、何时可以宽容他人，教师可鼓励他们在必要时积极寻求他人的帮助。

第十六课

遵守规则，制定规则

本课概述

本课目的： 了解遵守规则的重要性，并在制定规则的同时学会为他人着想。

本课流程：

1. 【导入】引发学生对规则的思考。

2. 【活动一：同一车厢内】通过“同一车厢内”角色扮演，明白在公众场所应遵守规则并为他人着想。

3. 【活动二：我班的规则】小组成员共同制作完成“我班的规则”海报，为自己的班级制定规则。

4. 【总结与反思】教师引导学生认识遵守规则的重要性，鼓励学生将自己制定的规则应用于本班管理中去。

5. 【延伸活动：我家的规则】请学生制定一套自己在家中独有的、能让家人和睦相处的规则。

教学目标

1. 引导学生了解遵守规则的重要性。
2. 通过制定班级规则，加强学生对班级的安全感和投入感。
3. 帮助学生了解制定规则的过程及预期所遇到的困难。

教学重点

1. 引导学生认识遵守规则的重要性。
2. 通过学生自己制定规则，加强他们对班级的安全感和投入感。

教学难点

在活动二中，有些小组可能对于制定规则没有头绪，教师需鼓励他们认真思考，热烈讨论。

兴趣点

学生对于自己参与制定班级的规则感到新奇，常常表现得非常积极。

教学准备

1. 角色扮演资料“同一车厢内”（安排 8～9 位学生提前排练）。
2. 空白纸（每组一张）。
3. 彩笔（每组一套）。
4. 参考资料“美国明星教师的 55 条班规”。

教学过程

活动	步骤	教学工具	时间
导入	教师导语：同学们，什么是规则？在生活中，我们是否需要规则？你是遵守规则的人吗？ 在几位同学分享自己的观点后，教师请预先安排好的同学上场进行角色扮演，其他同学一起观察他们是否遵守规则。		3 分钟

续前表

活动	步骤	教学工具	时间
活动一：同一车厢内（明白遵守规则的重要性）	学生欣赏“同一车厢内”的表演，并用掌声对同学们的表演表示感谢。教师请几位同学分享一下观看表演的感受。 教师请几位同学回答以下问题：小品中的几位同学的行为是否恰当？是否尊重他人？是否有责任心？你愿意在这个车厢里吗？ 教师语：我们每个人的行为都会影响我们所在的环境，学会为他人着想，让我们的环境更美好！	附件1：“同一车厢内”资料	10分钟
活动二：我班的规则（学会制定规则，加强学生对班级的投入感）	教师语：对我们来讲，大家所在的这个班级就是我们最重要的环境之一，让我们一起讨论一下，班级里同学之间怎样的态度会让我们感觉更舒服。 1．“我班的规则”海报制作。 教师为每组学生发放空白纸，请学生制作“我班的规则”海报。 每组一种态度：（1）互相信任；（2）真诚待人；（3）有责任心；（4）尊重他人。 请每组讨论，围绕本组要讨论的态度写下与之相关的班规。必须注意：（1）不能违反校规；（2）不能伤害他人；（3）对班内同学有正面的影响。引导学生订立可接受和可实行的班规，不可天马行空。教师可提供一个范例，如下。 态度：尊重他人。 规则：当同学发言时，我们不要说话（交谈）。 原因：我们要留心聆听。希望轮到自己发言时，其他人也会安静。 2．票选班规。 每组学生介绍本组制定的班规，然后让学生讨论这些班规的可行性。全班以投票方式为每种态度选出班规，投票人数超过半数以上的班规将被保留。 教师对所有小组的积极的讨论和展示表示鼓励，并请学生反思：在订立规则的时候，遇到了什么困难？投票选出班规时，什么影响着他们的决定？	空白纸、彩笔；附件2：美国明星教师的55条班规	25分钟

续前表

活动	步骤	教学工具	时间
总结与反思	教师总结： 1. 规则是需要我们共同去遵守的，如果大家都不遵守规则，规则就失去了它的意义。 2. 我们班级规则的制定凝聚了全体同学的智慧，这其中所有的规则都是同学们自己订立的，相信这样的规则会让同学们的相处更加融洽、和睦，让我们感觉更安全、快乐，让我们更好地成长。		2 分钟
延伸活动：我家的规则	请学生自行制定一套自己在家中独有的规则，这些规则必须能够令家人相处更融洽。教师鼓励学生与父母一起讨论，共同制定一个全家愿意一起遵守的家规。		

附件 1

“同一车厢内” 资料

情景：有礼中学校外的一个公交车站

人物：五名有礼中学学生，即同学甲、乙、丙、丁、戊和 3 至 4 名其他乘客

放学的铃声响起，一群有礼中学的学生冲出校园，打算乘坐公交车回家。五名同学甲、乙、丙、丁、戊在 36 路公交车站候车。公交车还没有来，这五名学生在队伍中不断嬉戏打闹、大声谈笑，甚至撞倒了一名乘客。其余的乘客纷纷向他们投以鄙视的目光。公交车终于到站了，以下是有礼中学的同学由上车到下车所发生的事情。

情景一：上车的时候

同学丙首先上车，准备取出公交卡，但一时找不着，于是便急忙从书包内拿硬币代替。这一行为耽误了排在后面的乘客上车，但他一点歉意也没有，还继续和排在他后面的同学们说笑玩耍。

上车后，同学丙拿出他的手机，与电话那头的人大声地争执，全车厢都能听到他的咆哮。听完电话之后因为心情不好，他拿出涂改液在车厢内壁上写字，发泄心中的不满。

情景二：刚进车厢

同学甲快速地占据了两个座位，大声说：“喂，快点上来啊，我占了两个挨在一起的座位，我们可以联机打游戏了哟。”

这时，车厢内一位婆婆问：“这个座位有人坐吗?”甲立刻拿书包挡住座位，并用眼神示意同学乙赶紧过来坐。

同学乙立刻冲过来，在该位置上坐下，冲过来的时候撞到了一位乘客，但乙没有道歉。他还对婆婆说：“这个座位有人坐啦。”之后和同学甲一起玩游戏，发出很大的声音，引来周围乘客的不满。

情景三：车厢内

同学甲上车后，双脚放在对面的座位上，与同学乙一起吃薯片、喝汽水，并将吃完的垃圾四处乱扔，还将食物隔着几位乘客传给别的同学吃。

同学乙把自己的口香糖吐出来并粘在空的座位上。

同学丙在地上吐痰。

同学丁将脚放在座位上睡觉。

其他乘客看见他们的行为，非常不满。

情景四：巴士到站

巴士终于到站了，这五名学生却玩得太投入忘了下车，等到车门即将关闭时，才大声喊住司机，争先恐后地下车。其他乘客对他们的行为意见很大，纷纷予以指责。

附件2

美国明星教师的55条班规

罗恩·克拉克，出生在北卡罗来纳州，大学毕业后周游各国，23岁开始在家乡的一所乡村学校任教，5年后来到纽约市哈莱姆区，取得巨大的教育成功。他曾3次受美国总统及夫人邀请带学生作客白宫，2000年当选迪士尼年度教师，出版著作《55条基本班规》（中译本书名为《优秀是教出来的》）和《教育者的11项卓越品质》，并创办罗恩·克拉克学园。他被著名电视节目主持人奥普拉·温弗瑞称为“美国教师”，他的传奇故事被好莱坞拍成了电影《热血教师》，成为一名世界瞩目的美国明星教师。现将他的55条班规概括如下。

1. 与大人相处，要有礼貌、有分寸。回答问题时，总是要说“是的，先生”或“不，先生”，只是点头或用其他“是”或“不是”的表达都不行。

2. 与人互动，眼睛要看着对方的眼睛；要知道视线接触的重要性。如果有人在说话，眼睛要一直注视着说话的人；如果有别的人发表意见，则要转过身去，正对着那个人。

3. 别人有好表现，要替他高兴；要对游戏获胜者或把某事做得特别出色的人表示祝贺。鼓掌至少持续3秒钟，两个手掌充分接触，以便掌声足够响。

4. 尊重别人的发言与想法。克拉克先生的办法是：“在讨论问题的时候，要对其他同学的评论、观点和想法表示尊重。要尽可能地这样说：‘我同意约翰的观点，同时我也感到……’‘我不同意莎拉的看法，尽管她抓住了问题的核心，但我觉得……’‘我认为维克多的观察真是太精彩了，他让我意识到……’”

5. 自己有什么好表现，不要炫耀，输给别人也不要生气。

6. 如果别人问你问题，你也回问他问题。

7. 打喷嚏、咳嗽都要说对不起。

8. 不可以有不礼貌的小动作；不要咂嘴、发啧啧声、转眼珠，或做出对人不敬的手势。

9. 别人送你任何东西，都要说谢谢。

10. 接到奖品和礼物，不可以嫌弃。克拉克先生对待这种情况的办法是：毫不犹豫地收回礼物。

11. 用小小的贴心，为别人制造惊喜。

12. 改同学试卷时要特别谨慎。

13. 全班一起念课文时，要看着正在念的一字一句。“每当给孩子们念书的时候，我会感情饱满、精力充沛、表现力丰富地去读，我会全身心地进入角色。”克拉克先生还根据角色不断变换各种嗓音，做各种动作。“这种方法使整个阅读的过程充满了乐趣，同时也告诉孩子们，阅读是件多么令人着迷的事情。”“如果我看到哪个学生在我们读书的时候眼睛没盯着那一页，或者我叫一个学生接着读，他却不知道我们刚才读到哪里了，那么这个学生的名字就会被记在黑板上。”习惯成自然，以后孩子们集中注意力的能力会很高的。

14. 以完整的句子回答所有的问题。第一复述问题并给出答案，第二给出主要理由，第三展开说明理由，第四重复问题并给出答案结束。克拉克先生要求学生用这样的方式回答问题，锻炼学生的语言表达能力和写作能力。

15. 不要主动讨奖品。克拉克先生经常给好学生发些奖品，但成绩好的学生索要奖品时，他会坚决拒绝。“我努力让他们知道，尽力做好每件事不是为了奖品，而是为了他们自己。”“帮助孩子们最终学会肯定自我奋斗的价值。”

16. 每天都要做完作业。克拉克先生的高招是，“在教室外贴了一条巨大的横幅”，上面写着：“全班所有同学连续完成全部家庭作业____天。”当孩子们连续完成超过 10 天，克拉克先生就开始给孩子们做好吃的小点心。孩子们最长是连续 62 天，克拉克先生说他都成了“厨爷”了。真是够疯狂的，那年克拉克先生的学生们成绩跟坐了火箭一样飞升。

17. 换科目的时候，动作要快、要安静，要守秩序。克拉克先生训练学生们像游戏、比赛一样的换书、换本，还帮老师按投影机（接电源、拉屏幕、关窗户、拉窗帘、关灯），孩子们被训练得井然有序，并且乐在其中。

18. 做什么事都要有条理。为了帮助孩子们变得有条理，克拉克老师在假期里去商店买回了一套他希望孩子们人手一份的用具：能装下笔记本的大架子、活页纸、笔记本、尺等等。克拉克老师把买到的所有物品摆放在地板上拍照，并列好明细清单，在开学前三个星期给每个学生发了一份照片和信。开学时，克拉克老师仔细检查每位同学的用品，告诉他们每件东西什么时候用，在上面贴上标签，还给孩子们做示范等等，后来孩子们自然变得非常有条理。克拉克老师领悟到，其实孩子很喜欢条理化。另外，值得一提的是，克拉克老师每年都问他以前的学生，他们的新老师对他们在班上的表现有哪些看法。这样克拉克老师就可以从侧面了解自己的教学有哪些不足、有哪些成功。多么有心的老师啊！

19. 老师在指定作业的时候，不要叫苦。如果谁违反了，他就必须做两倍的作业。克拉克坚持这个严厉的惩罚，就是为了让孩子以积极进取的心态接受必须完成的任务。克拉克老师认为：与其让布置的每一项作业（或必须完成的任务）都被抱怨、每一件应该完成的工作都充满了逆反情绪，还不如让他们做几次双倍的作业，从此以后在接受作业（和任务）的时候再也不会抱怨和发牢骚。

20. 别的老师来代课，也要守班规。这个细节的目的是为了培养孩子“无论有没有老板在身边，他们工作都是为了自己”，也就是培养自觉性。克拉克为此做了很多努力，苦口婆心地进行教导。

21. 课堂上发言，或起身，应该讲规矩。

22. 不可以上课上一半，起身去倒水。

23. 见到每个老师，都要说某某老师好。克拉克老师要求孩子们“要迅速记住全校老师的名字”，并在遇到的时候打招呼，同时还没忘记强调排队走路的时候除外，因为那时有“不许讲话”的纪律。克拉克老师希望学生们培养起良好的社交习惯，以便进入社会后“能主动了解周围的同事或邻居”，“并努力做到善意、有礼貌地对待别人”。

24. 注意洗手间的卫生，把身边的病原减少到最少。克拉克老师要求学生：必须冲厕所，如果按钮很脏就用手纸垫着。“己所不欲，勿施于人”，既然自己不愿意使用肮脏的小便器，就一定要冲洗自己用过的。

25. 让客人有宾至如归的感觉。“如果有人要参观我们教室，我会派两名学生在教学楼前等候，并举着一个欢迎牌。当我们的参观者到来时，接待者要和他们握手，向他们作自我介绍，并致欢迎词，然后，在带他们进教室之前，先领他们简单地参观一下校园。”

26. 不要帮同学占位子。如果有人想做你身边的空位子，就让他坐，不要刻意去排斥什么人。“我们是个大家庭，应该善意地对待和尊重别人。”克拉克老师很讨厌看到有孩子被孤立，反对孩子总坐在相同的位置上或故意占座位。克拉克老师教育孩子们“必须保证他们自己和他们的朋友懂得包容别人，并努力地接受别人参与他们的活动”。

27. 同学受罚的时候，不要看着他。“为了避免尴尬和因公开展示而引起的愤怒，我要保证孩子们理解和遵守这个规矩。”

28. “对作业的问题，可以打电话来我家，我没接的话，你可以留言，但只要留一次就够了。”克拉克老师为了与学生保持更紧密的联系，把自己的电话公布给学生们。

29. 用餐要讲究礼仪。克拉克老师耐心地将西餐的全套礼仪教给孩子，孩子们居然很爱学，像小绅士一样。

30. 吃完饭，自己的垃圾自己处理。克拉克老师要求他的学生们吃晚饭要把桌子擦干净，掉在地上的要捡起来扔到垃圾筒里，还要检查垃圾箱周围有没有垃圾并清理干净。克拉克老师还要求孩子看到别人乱丢的垃圾也要拣起来，经常奖励捡垃圾的孩子，也经常公布不捡垃圾的孩子。为此花了一年的时间才基本培养好了一个班的孩子。

31. 接受别人的服务要珍惜。

32. 坐车要坐好，别打扰司机。这里，克拉克老师强调学生乘坐校车时的纪律，这是礼貌，更是为了孩子们的安全。克拉克老师强调，下车的时候“任何时候都要记得感谢司机，并祝他一天开心”。

33. 认识新朋友，要记住对方的名字。克拉克先生有意训练孩子们这项技能，立下了一些有助于记住人家名字的规矩：介绍后要起立握手，并称呼人家的名字问好；交谈中尽量多重复人家的名字；分手时要再次重复他们的名字。

34. 吃自助餐，或与人同桌，取菜不可贪多。“永远不要取走比你实际所需的分量多的食物。因为这样不仅会造成浪费，而且如果你不给别人留够了的话，对别人也是一种不尊重。”克拉克老师在见到孩子们盘内堆积如山的食物后，要求孩子们：“盘子被食物覆盖的面积不得超过四分之三，一种食物的上面不能摞上其他的食物。”

35. 别人掉东西，请弯腰去帮他捡。

36. 进门时，如果后面有人，请帮他扶住门；如果开门的时候需要拉的话，你就拉开门，自己站在一边，让别人先过去，然后你再走过去；如果开门的时候需要推门，你就在自己走过去后用手扶住门，别松手。克拉克老师认为，教孩子一些小小的善意举止虽然看起来微不足道，但对孩子们了解如何尊重和重视别人大有裨益。克拉克老师教孩子的时候非常注意细节，如扶门时站的位置、扶多长时间、说点什么等等。

37. 别人碰到你，不管有没有错，都要说声对不起。克拉克老师说：在学校里，一次轻微的碰撞，也能导致第三次世界大战的爆发。克拉克老师对礼貌是非常重视的，在孩子乘坐飞机之前，他亲自在教室里把椅子摆成飞机过道的样子，训练孩子们。

38. 进行校外教学时，无论到哪一个公共场所，都要安安静静。“有时候，人们做了什么好事不一定都能给他人留下印象，尤其是他做这件好事的时候其实周围根本没人，他做好事是出自本心，而不是给别人看，这就更值得你敬重了。”

39. 去参观别人的地方，要不吝于赞美。这是一种对主人的尊重，如果形成习惯，也可能形成一种乐观的生活态度。克拉克老师认为孩子们应该有这样的风度，所以在外出前专门对孩子们进行这方面的训练，这是把握课外机会对孩子的培养。

40. 全校师生集会的时候，不要讲话。有趣的是，为了让学生知道怎样保持纪律，克拉克老师把学生们叫到礼堂里，要求他们坐好，手放在大腿上，眼睛看着前面。然后，克拉克老师不断地在礼堂的各个位置出现，喊学生的名字，想办法骚扰孩子们，看哪个孩子破坏纪律。生动有趣，用心良苦。

41. 接电话的言谈要得体。

42. 一堂校外教学结束，要谢谢所有随行的老师和父母。“我不在意你是否感谢我，我关心的是你要学会在别人给你提供额外帮助的时候，你能恰当地表示感谢。”

43. 搭乘电梯时，要站右边，请赶时间的人走左边。克拉克教孩子“在自动扶梯上，要站在右侧，从左侧走动”，“在进入电梯、地铁或地下通道前，要礼让出去的人先行”。

44. 列队行进时不要说话。克拉克先生上班的第一天，管理的是个纪律散漫的班级。克拉克老师要求孩子们排队吃饭时要有秩序、要安静，如果有一个孩子多说一个字，全班就多等 1 分钟。结果，在集体等候 45 分钟后，孩子们排着整齐、安静的队伍进入食堂。用克拉克老师的话来说，校长站在门口“吃惊地看着我们发呆”。“也许有人会说，这有点太军事化了，但是我认为孩子们其实喜欢这么排队，他们会为自己能把队排得这么好看而感到骄傲。”克拉克老师要求孩子们在排两队进门的时候，“离墙近的那一队先进，另一队要笔直地站在大厅的中央，留在那里等候我的命令，接下来我会说：‘每个人准备……行动！’所有孩子立刻会像一个整体一样，右腿迅速横跨一步，靠向墙边。看到孩子们在同一刻步调一致地行动，会令人产生一种感觉，那就是：‘酷！’然后我再发出命令：‘进入！’他们就整齐地进去了”。

45. 不可以插队，但看到别人插队时不可以大呼小叫，让老师知道就好。“如果有人插到了你前面，一个字也不要说，随他去，只要告诉我一声，我就会来处理的。如果你非要和插队的人理论，你也一样会有麻烦的，这不值得你这样做。同学之间解决任何纠纷，都应该在自己着手处理之前，先带着问题来找我。”

46. 看电影时不要说话。克拉克老师希望孩子们懂得如何文明地观看电影，从而使很多人看电影的经历成为一种更加愉快的享受。这也是教孩子们学会尊重别人。

47. 不可以带玩具到学校来。

48. 有谁欺负你，让老师知道。

49. 自己的理想自己要坚持。“在我一生中，已经数不清有多少次了，我想做某事，而周围的每个人都反对。”“我希望他们（我的学生们）有勇气为自己的信念义无反顾地付出努力，并为他们想要做的事情而奋斗。”

50. 要乐观、积极地去享受人生。

51. 别让将来有遗憾，想做什么就竭尽所能去实现。把握现在，想到就去做，别轻言放弃。

52. 从错误中学习，并继续向前迈进。正确的经验来自错误的总结，关键是不能一错再错。

53. 不管什么情况，一定要诚实，做错事就坦白承认。聪明的做法，避免因为撒谎而惹来的后顾之忧。

54. 把握今天，不要浪费它。把一天的日程安排好。

55. 在你的能力范围内，做最棒、最棒的人。发挥你的最大潜能。

主题九 自主能力

自主能力是指个体在依赖环境的同时，使自己在同周围环境所发生的必然联系中处于主体地位，并按照自己的力量、需要和方式来掌控所处环境的能力。对于青少年而言，自主能力表现为他们自由地、独立地支配自己言行的能力。自主能力强的青少年通常有着较佳的学业表现，较强的能力感、自制力和判断力，较高的主动性、上进心和自信心。

初一学生刚刚进入青春期，他们希望成年人将他们当成大人来看待，迫切要求独立自主地处理问题，渴望自己的事情由自己来处理。同时，他们进入新环境和新的学习阶段，面临的新情况和新问题又会使其无所适从。本主题将从以下两个方面着手培养他们的自主能力：第一，自主处理问题的过程，其实也是不断向他人学习取经的过程。只有不断地吸取他人的经验教训，才能弥补自己经验上的不足，更好地处理和解决问题。第二，自主处理问题时，应当充分考虑并权衡各方观点和意见，并在做出决定和采取行为前认真考虑可能带来的后果。

本主题下两节课主要是帮助学生掌握自主能力所需要的技巧与策略，学会考虑所做决定和行为可能造成的后果。第一课让学生明了自主的原则，了解父母所能接受的自主程度。第二课教导学生认识到做出决定和行动前需要考虑可能的后果，鼓励他们在日常生活中三思而后行。

第十七课 自主执照

本课概述

本课目的：明白自主的原则，了解父母所能接受的自主程度。

本课流程：

1. 【导入】引起学生对谁来做决定的思考。

2. 【活动一：我要自主】通过情景剧《我要自主》，帮助学生了解自主的原则。

3. 【活动二：自主执照】帮助学生了解不同年龄阶段所能自主的事情可能不同，引导学生认识自主的前提条件。

4. 【总结与反思】强调自主的原则和前提条件，鼓励学生锻炼并提升自主能力。

教学目标

1. 引导学生认识自主的原则。

2. 帮助学生了解其父母所能接受的自主程度。

教学重点

1. 帮助学生认识到自主不是自以为是，而是参考各方观点，客观分析，自己判断。

2. 帮助学生了解其父母所能接受的自主程度，以便他们更好地确定自己所能达到的自主程度。

教学难点

在活动二中，学生可能会低估自己希望自主事项的难度，从而较难想出自主的前提条件。遇到此类情况，教师应帮助学生细化可能面临的困难，引导他们尽可能多地说出自主的前提条件。

兴趣点

学生对于活动二的“自主成长尺”和“自主执照”会感觉很新奇，很愿意参与其中。

教学准备

1. 故事《新编三打白骨精》。
2. 《我要自主》情景剧剧情（提前发给3位学生，请他们于课前排练）。
3. 自主成长尺。
4. 自主执照。

教学过程

活动	步骤	教学工具	时间
导入	1. 漫话西游。 教师导语：大家记得《西游记》里的《三打白骨精》这个故事吗？在打不打白骨精这个问题上，唐僧和悟空各执己见，做出了不同的决定。唐僧觉得白骨精是好人，决定惩罚悟空；悟空认为白骨精是妖怪，决定打死她，以免祸害他人。我们一起来阅读《新编三打白骨精》。 学生阅读后，教师提问并请几位学生回答： 悟空应该怎么做呢？选择听取自己师父的意见，还是坚持己见？	附件1：新编三打白骨精	7分钟

续前表

活动	步骤	教学工具	时间
导入	2. 谁来做决定？ 教师语：同学们，在日常生活中，我们常常需要做各种各样的决定，有些时候跟父母的决定一样，那自然皆大欢喜。有些时候跟父母的决定背道而驰，这个时候我们通常会怎么做呢？我们来做个民意调查吧！请举手选择自己是以下哪种情况。 A. 自己决定。 B. 家长说了算。 C. 依赖父母做决定。 D. 大家商量着办。	附件1：新编三打白骨精	7分钟
活动一：我要自主（学生明白自主的原则）	学生表演情景剧《我要自主》。 学生欣赏完毕，教师提问，并请学生讨论： 1. 你们觉得自己跟哪个角色更相似呢？ 2. 三位主角的自主观念是怎样的？ 参考答案： 1. 肥肥——从不独立思考，完全依靠家长做决定。 2. 小强——自以为是，自视甚高。 3. 小宜——接纳并衡量各方意见，先做客观分析，然后自主决定。 【说明】教师可于本课前将情景剧剧情发给相关学生，让他们提前准备。 教师小结： 1. 在做决定时，不应过分依赖别人和过分自我中心，应该衡量及接纳不同的人的观点和意见。 2. 伴随着成长，我们渐渐有能力为自己做出某些决定。我们应在自己做决定和由家人做主上取得平衡。 3. 自主的原则是指，在父母或长辈的支持下，自己能够做出客观、正确或符合社会规范的决定。 【说明】教师可于课前将《我要自主》情景剧剧情发给相关学生，鼓励他们在基于剧情的基础上尽情发挥，锻炼和展示自己的表演才能。	附件2：我要自主	10分钟
活动二：自主执照（了解自己在不同年龄时所能自主的事情，并认识自主的前提条件）	教师给每位学生发一张“自主成长尺”学生页，请学生用5分钟完成。 学生完成后，教师请他们审视自己的“自主成长尺”，引导他们认识到随着年龄的增长，自己可自主的事情愈发复杂，这说明他们的能力愈发强大。教师	附件3：自主成长尺； 附件4：自主执照	20分钟

续前表

活动	步骤	教学工具	时间
活动二：自主执照（了解自己在不同年龄时所能自主的事情，并认识自主的前提条件）	再将“自主执照”学生页发到每位学生手上，要求他们与同桌讨论一件自己最希望现在就能做主的事情及自己认为需要具备的前提条件。 学生讨论完毕，教师请几位学生报告讨论结果，从中收集10个自主的前提条件，并将它们写在黑板上。 教师小结： 1. 我们在不同年龄时所能自主的事情各有不同，这与自己的能力、家人的授权及信任有关。因此，我们先要具备一些重要的条件，如判断力和独立处事能力，让父母相信我们有能力做出正确的决定。 2. 我们应当多与父母沟通，了解他们的想法及立场，这样才能更好地确定自己所能达到的自主程度，并拥有更好的亲子关系。 【说明】 1. 学生在填写“自主成长尺”时，教师应强调没有绝对正确的答案，让学生自由地表达自己认为重要的自主事件。 2. 初一学生的自主权可能会受家庭背景或父母的照料和体贴程度影响，从而出现较大差异。教师应接受同学间自主范围的差异，避免比较学生的自主范围和能力。教师应鼓励学生将注意力集中于自己的自主能力和前提条件上。 3. 学生在成长阶段普遍渴望获得更大的自主权，甚至希望家长或长辈不干涉他们，任由他们自由做决定。教师应留意学生列出自主范围或最想自主的事，对于一些不符合社会规范或对青少年身心成长有害的事件，教师需要详细分析其内容及指出它们对他们的危害。 4. 教师应鼓励学生填写“自主执照”并将其带回家给父母签字，增进亲子互动，加强亲子沟通，帮助他们了解父母认可的自主程度，从而更好地锻炼他们的自主能力。	附件3：自主成长尺； 附件4：自主执照	20分钟
总结与反思	教师总结： 1. 自主能力是需要学习和培养的。我们在做决定的过程中，需要明白什么事情我们可以自主决定，什么事情我们需要家长的帮助。 2. 自主独立不等于一意孤行。即使我们在某些事情上拥有自主权，我们仍需多与父母或长辈沟通。一方面吸取他们的经验和意见，另一方面让他们知道和相信，我们有能力做出适当的决定。		3分钟

附件 1

新编三打白骨精

一天，唐僧师徒四人来到一座高山前，只见山势险峻，峰岩重叠。走了一天的路，唐僧感觉饥饿，就让孙悟空去找些吃的。悟空见周围前不着村，后不着店，非常荒凉，于是跳上云端，四处观看，见南山有熟透的山桃，便要摘些来给师父充饥。

悟空刚走，唐僧就被妖怪白骨精发现了。白骨精不胜欢喜，自言自语道："造化！造化！都说吃了唐僧肉可以长生不老。今天机会来了！"它正要上前，见唐僧身边有猪八戒和沙僧保护，就摇身变作美貌的村姑，拎了一罐斋饭，径直走到唐僧面前，说是特地来请他们用斋的。唐僧一再推辞，八戒嘴馋，夺过罐子就要动口。

正在这时，悟空从南山摘桃回来，睁开火眼金睛一看，认出村姑是个妖精，举起金箍棒当头就打。唐僧连忙扯住悟空。

悟空：它是个妖精，是来骗你的。

唐僧：你这猴头，净瞎说！这女菩萨慈悲心肠，要给我斋饭吃，你怎么说她是妖精？

沙僧：师父说的是！

悟空：这妖精是骗取您的信任才这般的！我以前做妖怪时就是这样的！

沙僧：大师兄说得也对！

唐僧：这女菩萨不可能是坏人！她心地这么善良，你肯定是错怪她了！

沙僧：确实是哦，要是错怪了，就是一条人命呢！

悟空：师父，你错怪我了！且不说我有火眼金睛能辨识妖怪，咱就现在的情况分析分析。首先，您看这里荒无人烟，我跑了大老远才找到桃子来孝敬您，而这妖精身为一名弱女子，却在这荒郊野岭中独行丝毫不害怕，本身就不太正常。其次，要是她是好人，她给师父吃的斋饭必定是寻常百姓家的粗茶淡饭，如果不是，则肯定是妖精。

（悟空说完，掀开装斋饭的罐子，沙僧搀着唐僧凑近一看，却是一罐子青蛙、癞蛤蟆。）

沙僧：大师兄说得对，师父说得也有道理，听谁的呢，好纠结！

唐僧：我看着她就像好人啊！我决定了，你不能打她！

悟空：这可如何是好？一边是师父，一边是妖精，俺老孙好难做啊！

附件 2

我要自主

小强：小宜、肥肥，你们星期六去哪里玩啊？

小宜：我会跟我弟去看书展。

肥肥：我不知道，应该是跟我妈去逛街吧！有我妈在，我乐得轻松啦！

小强：你都多大了还完全听你妈的啊！

肥肥：13 岁呀！那又怎么样，我妈会把我的生活安排得好好的，完全不需要我操心。

小宜：那难道你妈让你穿裙子，你也会穿吗？

肥肥：那就穿啦，你看那些英国人穿苏格兰裙也好帅的呢！反正我知道妈妈是不会害我的！

小强：肥肥，你是不是太搞笑了啊！我从来就不听我爸妈的话，我都已经长大了，他们应该相信我才对。你就应该学一下我，自己做主，想去哪里玩就去哪里玩，想几点回家就几点回家，多自由啊！

小宜：呃……我有时候也会想，要是完全都由自己来做决定，想干什么就干什么多自由啊！不过转念一想，有时候自己做的决定未必都是正确的。你看我这次竞选班长，完全都是我自己准备的，上台发言磕磕巴巴，完全没有我想象中的效果，最后还是三票之差落败。如果我事先请老师或者爸妈帮我把把关，也许我就竞选成功了。我爸妈平时工作很忙，但是一旦我有需要，他们都会来帮助我。不过，小强，我觉得你这样是不是也太自由了？你得小心别玩过头了学坏了哦！

小强：但我这样总比肥肥好吧，没有独立思考，别人叫他做什么就做什么，太没有出息了！

小宜：我们家都是有事好商量的，我爸妈看我有自己的想法和主见时，会选择信任我。另外，我现在没有赚钱能力，就算想学打网球、游泳什么的，我也要跟爸妈商量才有钱报名呀。

小强：那照你的意思，等我们赚钱了的时候再完全靠自己来做决定？

小宜：也不是啦。等我们赚钱的时候，我又得做更多更重要的决定了，更得找人商量，这样才能集思广益嘛。

肥肥：你讲话好像大人啊！我觉得我其实也是有主见的，我也会为自己做决定啊！

小强：是吗？你什么时候为自己做决定啦？

肥肥：我妈妈问我是吃炸鸡翅还是炸鸡腿的时候啊。

小宜：那你怎么说的？

肥肥：我说两样都好吃，我都要啦！

小宜、小强：难怪你从不介意别人叫你肥肥啊！

附件 3

自主成长尺

姓名：

请在自主成长尺的刻度旁写下你个人认为最重要的“自主”事件及对应的年龄。

将来由自己决定的事情

1. ________________（　岁）
2. ________________（　岁）
3. ________________（　岁）
4. ________________（　岁）

现在由自己决定的事情

1. ________________（　岁）
2. ________________（　岁）
3. ________________（　岁）
4. ________________（　岁）

过去由自己决定的事情

1. ________________（　岁）
2. ________________（　岁）
3. ________________（　岁）
4. ________________（　岁）

将来由自己决定

现在由自己决定

过去由自己决定

参考资料

1. 选择手机款式	6. 结交朋友	11. 报培训班	16. 自己上学
2. 选择玩具	7. 选择衣服款式	12. 养宠物	17. 选择发型
3. 分配娱乐时间	8. 选择暑期活动	13. 零花钱	18. 洗澡时间
4. 露营	9. 作息时间	14. 选择课外活动	
5. 选专业	10. 选择电视节目	15. 压岁钱	

附件 4

自主执照

自主执照	照片
我现在最想自主的事情是： ________________________________ 我已具备以下条件：（请打√） □ 思想成熟　□ 有判断力　□ 能自制　□ 诚实 □ 独立处事　□ 有责任感　□ 接受别人的意见 □ 其他，请说明：________________________________ 家长选择：□同意　或　□不同意 家长签字：____________有效期至：　年　　月　　日	

第十八课

三思而后行

本课概述

本课目的：带领学生了解在行动前需要考虑的方面，帮助他们在日常生活中做出合适的决定和行为。

本课流程：

1. 【导入】引导学生认识到自己的决定受到外界因素的影响。

2. 【活动一：简单的一天】帮助学生做决定时学会综合考虑各方观点，并学会考虑所做决定可能带来的后果。

3. 【活动二：行动之前想一想】帮助学生了解行动前需要考虑的方面。

4. 【总结与反思】鼓励学生平衡各方观点，三思而后行。

教学目标

1. 帮助学生认识到在自己做决定时需要权衡别人的观点。

2. 引导学生学会思考自己所做的决定和行为可能引发的后果。

教学重点

1. 鼓励学生在做决定时注意权衡各方观点。

2. 教导学生学会考虑自己所做的决定和行为可能引发的后果。

教学难点

在活动一中的教师提问环节，学生有可能回答过于简单，容易流于形式，教师需根据学生的回答灵活提问。

兴 趣 点

学生对于视频《做事之前想一想》和用身边的事例来解释“行动锦囊”很感兴趣。

教学准备

1. “简单的一天”故事内容（建议教师提前找学生录成视频）。

2. “简单的一天”学生讨论页。

3. 视频《做事之前想一想》（网上下载，关键词：做事之前想一想、卡通；时长：3 分钟）。

4. 行动锦囊。

教学过程

活动	步骤	教学工具	时间
导入	教师询问学生在做决定时会受到哪些人或事物的影响。教师列举几个在学生生活中较为常见的事例，如选择课外班、暑假去哪里玩等，并请几位学生分享。 学生分享完毕，教师指出：我们做决定时会受到外界（如家人、朋友、老师、媒体等）不同程度的影响。		3 分钟

续前表

活动	步骤	教学工具	时间
活动一：简单的一天（学会在决定时权衡别人的意见和考虑决定带来的后果）	教师给每个小组一张“简单的一天”学生讨论页，其中一半的小组成员负责帮助小强做决定，另一半负责帮助小宜做决定。 教师使用PPT播放附件1，然后请学生在小组内讨论以下问题： 1. 做了什么决定？ 2. 在做决定时怎样权衡不同的人的观点？ 3. 在做决定时考虑了哪些后果？ 4. 需要为决定承担什么责任？ 学生讨论完毕，教师请每组学生轮流汇报讨论结果。 最后，教师请学生思考以下问题并回答： 1. 刚才小组讨论的决定可能不是你们个人的决定。在现实生活中，你们做选择时会不会附和他人？ 2. 你会参考不同的人的观点之后再做决定吗？ 3. 你会不会衡量不同的决定所带来的后果？ 4. 你能否为自己的决定承担责任呢？ 教师对发言的同学表示鼓励和赞赏，并帮助学生认识到做决定前需要考虑后果。	附件1：“简单的一天”故事内容；附件2：“简单的一天”学生讨论页	25分钟
活动二：行动之前想一想（鼓励学生在做决定前学会周全考虑）	教师给学生播放视频《做事之前想一想》。 视频播放完毕，教师提问： 1. 你有做事之前想一想的好习惯吗？ 2. 做事之前考虑哪些方面，才能把事情做得更好呢？ 学生发言后，教师发给每组一个“行动锦囊”。教师请小组抽签选择他们需要解释的条目，要求小组成员共同讨论抽到的条目，并举出1～3个身边的例子来解释它。 学生讨论完毕，教师请小组代表汇报结果。	视频《做事之前想一想》；附件3：行动锦囊	10分钟
总结与反思	教师总结： “三思而后行”是古人流传下来的智慧，它提醒我们在做出决定和采取行动前多思考，不仅要参考及衡量家人、老师和朋友的意见，还需要衡量所作决定和行为可能带来的后果，考虑自己能否承担该选择的后果。		2分钟

附件 1

"简单的一天" 故事内容

课间休息时

小克：小宜、小强，我忘记今天要交数学作业了，还没有做完，你们借给我抄一下吧？我两个一起抄，保证抄得很有技巧，老师不会发现的！

小宜、小强心想：哎呀……该不该借呢？

小组决定时间

午饭时

小宝：小宜，我忘带钱了，你可不可以借点钱给我买饭吃呀？

小宜心想：我该借吗？

旁白：小强和几个同学在校外的面店排队等着吃面。小宝递了包烟给小强。

小宝：抽根烟吧，抽了不会觉得饿呢！这是我刚买的好烟！

小强心想：我该抽吗？

小组决定时间

放学后

小克：小强，我们约好了放学去打篮球，一起去吧？

小强：天这么热，穿校服打球不舒服，下回再去吧。

小克：扫兴，下次不带你了！

小文：小强，我们放学后要去小王家打游戏，你去不去呀？

小强心想：明天就要考试了，我是跟着他们一起去玩呢，还是应该争取时间复习明天的考试呢？

旁白：小宜回家途中……

小宝：小宜，你说我们班小三这会在班里丢了 300 块钱，到底是谁偷的呢？

小宜：谁有作案的可能性呢？

小宝：不知道呢，你说咱们要报警吗？

小宜：要是咱们报警，会不会有什么后果呢？

小组决定时间

附件 2

“简单的一天” 学生讨论页

假设你们是剧中的主角小强，你们怎样抉择？　　　组别：＿＿＿＿＿＿

情景	谁会影响你们的意见呢？（请在你们的选择后打钩）	做出抉择时，你们考虑了哪些后果？	你们有哪些不同的决定？（组员所提出的不同的决定）
课间休息时	1. 老师：学生不得抄袭作业，否则抄作业和借给别人抄作业的同学都要被罚。 2. 同学甲：我做作业做得这么辛苦，小克一点努力都没有付出，我不愿意把作业借给他抄。 3. 同学乙：大家同学一场，今天你帮他，明天他帮你，不用这么计较吧！		
午饭时	1. 父亲：我可以抽烟，不代表你可以抽烟。 2. 母亲：不准抽烟！坏孩子才抽烟。 3. 同学甲：抽吧！看你爸都抽呢！		
放学后	1. 父母：你要努力争取好成绩，这样将来才能有前途。 2. 老师：好好复习，明天测验要发挥出你的实力来哦。 3. 同学甲：你天天都学习了，根本不用担心明天的测验。不如现在去玩一会儿，放松一下吧！ 4. 同学乙：你又不打球，又不打游戏，还想不想跟我们做朋友啊！		

假设你们是剧中的主角小宜，你们怎样抉择？　　组别：________

情景	谁会影响你们的意见呢？（请在你们的选择后打钩）	做出抉择时，你们考虑了哪些后果？	你们有哪些不同的决定？（组员所提出的不同的决定）
课间休息时	1. 老师：学生不得抄袭作业，否则抄作业和借给别人抄作业的同学都要被罚。 2. 同学甲：我做作业做得这么辛苦，小克一点努力都没有付出，我不愿意把作业借给他抄。 3. 同学乙：大家同学一场，今天你帮他，明天他帮你，不用这么计较吧！		
午饭时	1. 父母：我们赚钱很辛苦，你不要随便借钱给别人！ 2. 朋友甲：小宝总是乱花钱，借钱又不还，不要借钱给他啊！ 3. 朋友乙：借钱给小宝吧，不然他今天又得挨饿了，多可怜啊！ 4. 同学乙：如果拒绝他，可能朋友都没得做啦！		
放学后	1. 父母：做人要光明磊落，不可做违法犯罪的事情。 2. 老师：遇到违法的事情，公民有责任举报。 3. 朋友甲：不要报警！偷东西也不是什么大事，一旦报警，势必会影响他的前途。万一让他知道是你报的警，他一定会跟你没完的。 4. 朋友乙：报警吧！一定要让他知错，切不可一错再错。		

附件3

行动锦囊

1	行动条件是否成熟
2	与周围环境是否合拍
3	与道德规范、法律法规是否矛盾或冲突
4	有无不可预测因素的存在
5	是否有可能造成负面的影响
6	为防止不良后果的产生有无应变措施或应急方案

主题十 明确而积极的自我认同

心理学家埃里克森的“人生八阶段”社会心理发展理论指出，青少年的成长任务主要是自我认同，他们需要解决自我同一性和角色混乱的冲突。这一冲突得以顺利解决，将使个体形成明确而积极的自我认识，满意自我现状，追求高水平的自我发展，更容易建立起亲密关系，能理性知觉到家庭特点并获得家庭支持而更加独立自主。反之，个体将缺乏自我认同的能力，混淆自我与他人的界限，从而限制自我的发展。

形成明确而积极的自我认同，可通过培养以下要素，提高应对成长危机的“免疫力”。

安全感：建立对支持性环境的信任和紧密联结。

独特感：认识到自己与他人的差异，欣赏自己的与众不同。

能力感：发掘、肯定和欣赏个人的能力及特长。

初一学生刚刚进入青春期，又面临着适应新环境的挑战，他们急需融入新环境，建立新的自我认同。基于此，本主题将在帮助学生建立安全感的基础上，着重培养他们的独特感和能力感。本主题下第一课帮助学生了解家庭和身边重要的人对自己的影响，激发他们对自我探索的兴趣，提升他们的自我认识。第二课带领学生认识自己的独特性，发现自己的优点，懂得欣赏自己和他人。

第十九课 知己知彼

本课概述

本课目的：帮助学生深入了解自己、家人及身边的人，明了身边的重要人物对自己的影响。

本课流程：

1.【导入】通过电流圈活动，引发学生思考周围环境对自己的影响。

2.【活动一：我的关系树】学生制作关系树，了解身边的人对自己的影响。

3.【活动二：他是谁?】学生画出自己身边的重要人物，并说明他/她为什么对自己有巨大影响。

4.【总结与反思】教师鼓励学生正视环境对自身的影响，积极寻找身边的重要人物，协助自己成长。

教学目标

1. 了解自己和身边的人的特质。
2. 了解身边重要人物对自己个人特质的影响。

教学重点

1. 帮助学生了解自己及身边的人的个人特质。
2. 使学生了解身边重要人物对自己个人特质的影响。

教学难点

在活动二中，有些学生可能会因为自己绘画水平不佳而不愿参与。教师需告知学生只要尽力即可，并鼓励他们在自己能力范围内尽可能详细地描绘他们身边的重要人物。

兴趣点

学生对于活动一通常很感兴趣，很乐意从图画中探索身边关系对自己的影响。

教学准备

1. 关系树模板。
2. 学生参考资料。
3. “他是谁?”学生页。
4. A4 白纸。
5. 彩笔。

教学过程

活动	步骤	教学工具	时间
导入	教师带领学生以小组为单位进行电流圈游戏： 小组成员手拉手形成一个圆圈，每组选一个同学发电流信号，如左手或者右手紧捏一下旁边的同学的手，收到信号的同学立刻以同样的方式进行传递，直至电流传递一遍后反馈给老师。同时，小组成员要根据其他人的表情、体态的细微变化，迅速判断电流的位置在哪里。 教师语：我们每个人都会受到周围环境和身边的人的影响。请大家仔细想一想，我们都受到了哪些影响呢?		3 分钟

续前表

活动	步骤	教学工具	时间
活动一：我的关系树（了解家庭对自己的影响）	教师给每位学生发放一张 A4 白纸，请他们在纸上制作自己的家庭树（可呈现“关系树模板”）。 制作方法：请你在白纸上画一棵树，并在树上画出果实和树叶。每个果实分别代表你的某位家庭成员，请在果实上写上你家庭成员的身份（如外公、奶奶、爸爸、我等）。每片树叶分别代表某种个人特质，请在树叶上写下反映你和家庭成员的个人特质（如诚实、善良等，数量不限）。树叶离某个果实较近，说明该果实所代表的家庭成员拥有较为明显的该个人特质。 学生制作完成自己的家庭树，教师提问： 1. 在你的成长过程中，对你影响深远的人有哪些？ 2. 他们是怎样影响你的？ 教师请几位同学简单分享自己的家庭树，并回答问题。 教师小结：每个人的成长都会受到环境的影响，特别是我们的家庭，它以润物细无声的方式影响着我们。 【说明】教师可呈现“学生参考资料”来提示学生，但必须强调这些词语仅供参考，他们不要拘泥于此，还需要自己去思考和创作。	A4 白纸、彩笔； 附件 1：关系树模板； 附件 2：学生参考资料	15 分钟
活动二：他是谁？（了解身边最重要人物对自己个人特质的影响）	教师发放“他是谁？”学生页，请学生填写： 1. 画出对自己的学业、品德、性格等方面影响最大的人物。 2. 写下自己和他的关系。 3. 说明他为什么对你产生了巨大的影响。 在学生填写的同时，教师可在黑板上写上自己的“他是谁？”，并与学生共享，以鼓励学生公开分享自己的想法。 在大部分学生完成后，教师请几位学生展示自己的图画并分享。	附件 3：“他是谁？”学生页	20 分钟
总结与反思	教师总结： 1. 我们的性格、行为受到家庭和身边重要人物的影响。 2. 我们可以留意寻找身边正面的人物，以协助自己全面地成长。		2 分钟

附件 1

关系树模板

我的关系树

附件2

学生参考资料

1. 词语只做参考，未必完全符合你和你的家庭成员的特质。
2. 切记你拥有自由创作的空间，不要被下面的词语影响或局限。

正面	负面	正面	负面
诚实	说谎	自信	自大/自满
有毅力	欠毅力	体贴	自我
有恒心	半途而废	理智	冲动
守法	违法	务实	浮夸
美丽	丑陋	理性	情绪化
温柔	粗鲁	热情	冷漠
善良	狠毒	勤劳	懒惰
仁慈	残忍	上进	不思进取
乐观	悲观	有梦想	没有梦想
有信心	自卑	正直	卑鄙
有同情心	冷酷	做计划	不做计划
为他人着想	自私	乐于助人	自私自利
谦虚	自夸	整洁	肮脏
礼让	争先恐后	友善	苛刻
有礼貌	失礼	量力而行	不自量力

附件 3

“他是谁？” 学生页

请填上一位在学业、品德、性格或其他方面对你影响最深远的人，描述那个人跟你的关系并说明为什么他会对你产生如此大的影响。

影响你最深远的人是：

关系：

原因：

在性格、态度、观点、价值观等方面，你和他/她有没有什么相似的地方？

第二十课 我的骄傲

本课概述

本课目的：引导学生学会欣赏别人和自己，从不同角度找出自己的优点。

本课流程：

1. 【导入】引导学生正面评价自己及别人身上的优点。

2. 【活动一：你有一个优点】带领学生互赠优点卡，帮助他们从不同方面和角度发现自己的优点。

3. 【活动二：我的骄傲】引导学生从不同的方面去寻找自己的优点。

4. 【总结与反思】教师鼓励学生虚心听取他人的意见，并将自己的优点发扬光大。

教学目标

1. 发现自己的优点。

2. 帮助学生从不同角度和方面找出自己的优点。

教学重点

1. 引导学生认识到自己独特的优点。

2. 帮助学生从不同角度和方面发现自己的优点。

教学难点

在活动一中，学生可能会因为过于兴奋而导致纪律较差。教师需事先讲好规则，活动中不断提醒，保证活动的有序开展。

兴趣点

学生通常很乐意了解别人对自己的正面评价，他/她们在活动一中会表现得非常投入。

教学准备

1.《尼克的故事》。

2. 优点卡。

3. “我的骄傲”学生页。

4. A4 白纸。

教学过程

活动	步骤	教学工具	时间
导入	教师导语：我们已经上了好多次心理课了，今天我来考考大家。你们还记得我们心理课的要求吗？（保密原则、互相尊重、真诚交流、积极参与） 教师给学生讲《尼克的故事》，引导学生认识到他人评价对自己的重要性。 教师语：我们每个人都有自己的优点，也都喜欢能够得到别人的正面评价。我们一起进入今天这节课，一起来寻找和欣赏我们的优点。	附件 1：尼克的故事	5 分钟

续前表

活动	步骤	教学工具	时间
活动一：你有一个优点（从不同方面和角度了解自己的优点）	教师给每位学生发放 3～4 张优点卡，教师尽可能多地准备优点卡，优点卡上的优点尽量不重复。 教师请学生在班内寻找具有卡上所列优点的同学，把他/她的姓名写在优点卡的背后，每张卡只能写一位同学的姓名。学生全部完成后，教师请他们站起来，无声地走到自己欣赏的同学面前，把手中写着他/她名字的优点卡赠送给这位同学，直至送完手中的优点卡为止。 优点卡赠送完毕，教师提问并请几位学生分享自己收到优点卡后的感受： 1. 你收获了哪些优点卡呢？这些优点是你预料之中的吗？ 2. 收到优点卡，你有什么样的心情和感受？ 【说明】 1. 优点卡要尽可能多和不重复。 2. 活动时，教室容易出现混乱，需要教师时刻提醒他们无声地寻找自己欣赏的对象。 3. 如果出现有的学生没有收到同学的优点卡的情况，教师应指出自己准备的优点卡有限，没有收到卡的同学不用灰心，这只是卡上的优点数量太少罢了。在整个过程中，教师需要特别留意做适当的调整，并准备一些通用的优点卡，悄悄给那些没有收到优点卡的学生。 4. 教师鼓励学生不用介意活动结果。即使收到很少甚至没有卡，只要能够在优点卡上写下同学的名字，就代表自己懂得欣赏别人，这也是一个优点。 5. 教师提醒收到很多卡的同学，不能因此而自满。	附件 2：优点卡	20 分钟
活动二：我的骄傲（找出自己的优点，帮助学生肯定自我）	教师发放“我的骄傲”学生页，请学生写出最欣赏自己的地方。 教师请几位学生分享，并对他们的发言表示赞赏。 教师语：我们每个人都是独特的个体，都有自己的优点。学会欣赏别人和自己，就能更好地了解自己、完善自己，成为更加美好的人。	附件 3：“我的骄傲”学生页	13 分钟

续前表

活动	步骤	教学工具	时间
总结与反思	教师总结： 1. 寻找优点时，最重要的是明白没有人比你更了解自己，但别人的意见也是有参考价值的。 2. 对于自己的优点，应该多加欣赏、珍惜和继续发扬光大，切不可骄傲自满。 3. 如果其他人对你有不同的看法，无论是优点还是缺点，你都应先虚心聆听，再仔细分析，自行判断。		2分钟

附件 1

尼克的故事

尼克·胡哲 1982 年 12 月 4 日出生于澳大利亚墨尔本。他的身体出生时就没有四肢，被称为“海豹肢症”，多年来一直未能在医学上得到合理解释。

尼克一生下来就没有双臂和双腿，只在左侧臀部以下的位置有一只带着两个脚指头的小“脚”。尼克是爸爸妈妈的第一个孩子，家族里没有任何遗传病史。在 30 多年前，这个天生没有四肢的畸形儿一出生就吓坏了所有人，他的父亲甚至冲出产房大声呕吐了起来。直到尼克 4 个月大的时候，母亲才第一次抱起这个小小的婴儿。

8 岁以前，尼克只关注“自己没有的那一切”。10 岁的时候，他曾想将自己溺死在浴缸里，但就连“自杀”也是一项无法完成的任务：肺占据了他身体体积的 80%，他总是“像件救生衣一样竖直地浮在水面上”。

上学时，尼克难免受到周围同学的欺凌和嘲笑，曾经有想死的念头。在某一天，他先后被 12 个人嘲笑过。到那天下午 2 时 50 分，他坐在轮椅里暗暗决定：“如果再多一个人取笑我，我就要放弃自己。”这时，一个女孩走过来说：“嗨，尼克，你今天看起来不错啊。”他已经记不清这个女孩的样子，但从那以后，尼克逐渐学着“感恩”。

附件 2

优点卡

善良	诚实
整洁	爱思考
知足	勤学好问
细心	有原则
有活力	聪明
胃口好	节俭

有礼貌	守时
乐于助人	注意健康
孝顺	凡事往好的方面看
主动	不怕吃亏
有亲和力	慷慨

体谅他人	温柔
谨慎	分析能力强
专心	勤劳
平易近人	和蔼
领导能力出众	创造力强

学习认真	有爱心
字写得好	珍惜友谊
上进	自信
努力	大方得体
独立	可靠
有分寸	运动能力强

知识渊博	干练
直率	有勇有谋
力气大	做事认真
幽默	耿直
热情	气质好

附件 3

“我的骄傲” 学生页

我最欣赏自己的地方是……

请在方格内填写一至两点：

外表方面（例如：五官端正）

性格方面（例如：诚实）

才能方面（例如：会煮方便面）

待人态度方面（例如：礼貌）

学业方面
（例如：会主动向老师提问）

其他

主题十一 处理社交难题的能力

处理社交难题的能力是指面对纠纷、拒绝、不被理解等，能够合理应对并展现出为社会所接纳的常规社会行为的能力。处理社交难题的能力对青少年自我认知的发展、应对学业和生活中的各种压力、身心健康、正确生活态度的建立和社会技能的发展都有十分重要的影响。处理社交难题的能力较差的人往往不能妥善地处理社交关系，他们的内心需要可能被剥夺，或满足需要的愿望屡屡受挫，因而可能会产生孤立无援或者被社会抛弃的感觉；反之则会因有良好的社会交往而得到心理上的满足。

儿童的认知发展及道德判断发展是随着年龄递增的，而这些发展范畴与社交能力，尤其是处理社交难题的能力有着密切关联。因此，年纪较大的儿童比年纪较小的儿童通常有着更佳的处理社交难题的能力。同时，学校是教导学生懂得尊重别人和承担责任的主要干预场所。提高学生处理社交难题的能力，有助于发展这两个主要的价值观念。

初一学生进入新的学习环境，面对人际关系的重新建构和进一步复杂等问题，他们容易在社交方面出现困惑。同时，他们刚刚进入青春期，由于身体加速成长，生理迅速成熟，他们产生了“成人感”，即认为自己已经成熟，又因为发展的不平衡，他们在知识、经验、能力等方面并未成熟。他们犯错误时，往往不愿意轻易承认自己的过错，面对批评也较难做到虚心接受和仔细分辨。因此，在初一的教材中，本主题着重改善学生的常规社交行为，特别是与批评及道歉相关的行为及态度。本主题下第一课教导学生如何分辨善意和恶意的批评，以及如何做出善意且具有建设性的批评，帮助学生认识到批评别人时需要尊重别人和考虑对方的感受。第二课让学生理解道歉的重要性，养成为自己的过错道歉的习惯，成为有责任的人。

第二十一课 真的为我好？

本课概述

本课目的：认识不同性质的批评及其作用，鼓励学生学会做出善意且具有建设性的批评。

本课流程：

1. 【导入】探讨被人批评的经历，引导学生对不同性质的批评的思考。

2. 【活动一：真的为我好？】通过故事，帮助学生认识到恶意批评没有建设性，对别人没有帮助。

3. 【活动二：我为你好】学生通过讨论，思考具有建设性的、善意的批评所具备的特质。

4. 【总结与反思】鼓励学生批评他人时尽量选择具有建设性的善意批评，被人批评时也应自我反省，再决定是否接受批评。

教学目标

1. 分辨善意、恶意的批评。
2. 明白恶意批评不能起到正面的效果。
3. 学会做出善意且有建设性的批评。

教学重点

1. 帮助学生区分善意和恶意的批评。
2. 鼓励学生学会如何进行善意且有建设性的批评。

教学难点

在活动一表演环节中，学生在自身代入情景时，可能会因为过于投入而说出带有侮辱性的话语，教师应仔细留意是否有此类情况发生，如有则及时予以阻止，尤其避免学生对号入座。

兴趣点

学生通常很乐意参与并欣赏角色扮演活动。

教学准备

1. 小明个人资料。
2. “真的为我好?”广播剧资料（提前发给四位学生准备表演）。
3. 教师参考资料。
4. “我为你好”讨论资料。

教学过程

活动	步骤	教学工具	时间
导入	教师导语：我们每个人都有被人批评的经历。这其中，你印象最深的是哪一次呢？被人批评了，你的心情和感受是怎样的？ 教师请愿意分享的学生发言，并对他们表示赞赏。 教师尝试从学生的回答中引导出批评是有善意和恶意之分的。 【说明】为了引发学生更好共鸣，教师最好带头分享自己受到批评的经历和感受。		5 分钟

续前表

活动	步骤	教学工具	时间
活动一：真的为我好?（引导学生明白恶意批评没有建设性）	1. 小组表演。 教师给每个小组播放“小明个人资料”PPT，并简单介绍一下主角小明。 教师继续播放“真的为我好?”PPT，因其中的批评语句可能不能全面反映出现在的青少年批评同伴的情况，为了提高学生的参与感，教师可请学生参考广播剧的内容，即兴表演此剧，激发他们的同感，然后再做讨论。 2. 讨论与分享。 教师带领学生回忆剧中共有哪些批评，在学生回忆后，教师呈现1～4种批评，如下所示。 批评一：哈哈哈……不是吧，这次考试这么简单，你都没有及格?！你真是头大笨猪！ 批评二：你成天发脾气，哪里有人愿意跟你做朋友啊。别人见到你，躲都躲不及，谁还来教你啊，这不是没事找事吗?！ 批评三：你成天不运动，跟猪一样，你是不是手脚有毛病啊? 批评四：你这种性格，我估计老师也不喜欢你，看到你都像看到定时炸弹一样，不知道什么时候就点燃了。 教师请学生思考剧中的问题：小强和小林有哪些做得对和不对的地方?并请学生自由发表意见。 教师总结学生的发言，指出小强和小林做错的地方，因为他们的批评是恶意的，并说出这种批评的特质。 教师继续提问： （1）小明的感受如何?他是否应该接受小强和小林的批评? （2）从小强和小林的批评中，小明有没有得到实际的帮助? 教师可简单指出面对恶意批评时应有的态度，以及我们如何从恶意批评中得到改善的方法（参看附件3）。 【说明】本情景中的恶意批评的例子较为直接，对于认知程度较高的学生，教师可以带领学生找出恶意批评话语中的建议，或者请学生一起找出改善的说法。	附件1：小明个人资料； 附件2：“真的为我好?”资料； 附件3：教师参考资料	20分钟

续前表

活动	步骤	教学工具	时间
活动二：我为你好（教导学生认识善意及建设性的批评技巧）	教师发放“我为你好”讨论资料，并请每组讨论以下两个问题： 1. 有建设性、有帮助的批评在技巧和态度方面应该包含什么？ 2. 如果你是小明的同学，你会如何批评和帮助小明改进？请为小明提出有建设性的批评。 教师提醒学生，在小组报告时，每组应就批评的技巧和态度两方面发表意见。 学生发表意见后，教师归纳出有建设性和善意的批评的特质，指出有建设性的批评才能有效地帮助别人。 【说明】 1. 因每组讨论的内容不一样，建议教师在小组汇报前先简单介绍每组的工作。 2. 学生如果不能为小明提出改善方法，教师可建议学生注意表达批评的方式。 3. 教师应引导学生认识到，有些批评并没有提供帮助对方的方法。教师应鼓励学生多用善意和有建设性的批评。	附件 4：“我为你好”讨论资料	12 分钟
总结与反思	教师总结： 1. 我们日常生活中常常会遇到被别人批评的情况，我们应该先自我反省和分析批评的原因。 2. 鼓励学生在批评别人时，应善意地、有礼貌地说出对方需要改善的地方，不可以进行人身攻击，并尝试提出一些改善方法给予对方参考。如不能提出方法，也不能恶意地批评别人。 3. 恶意的批评未必是错的，只是批评者缺乏技巧。因此，如果遇到别人恶意批评我们时，应先尝试控制自己的情绪，细心聆听别人的批评，然后反省自己和分析批评是否合理，最后决定是否接受。		3 分钟

附件 1

小明个人资料

小明，初一学生，成绩中等偏下，上课不认真听讲，考试常常不及格，作业也不按时交。他对老师态度恶劣，还常常冲着同学发脾气。因此，他没有什么要好的朋友，课间休息和午饭的时候，常常独来独往。

小明的运动能力也不太好，但他很害怕输给别人。上体育课时他只参加跑步等个人类比赛，很少参与球类等团体活动及比赛。他从不参加任何班级比赛，但是一旦看到同学输了，他就会毫不客气地批评那些输掉比赛的同学。

附件2

"真的为我好？" 资料

人物：小强、小明、小林、小丽

第一幕：午饭的时候

小丽：喂，小明，你怎么一个人坐在这里呀？是不是又跟同学闹矛盾了呀？

小明：唉，不是啦。刚才我在课间休息时找小强和小林倾诉，但他们把我批评了一顿。

小丽：哎呀，你也有被人批评的时候啊?!

小明：唉……是啊……

第二幕：课间休息时

小林：喂，小明，你这次测验考多少呀？

小明：呃，不好意思说啦。没及格！

小强：哈哈哈……不是吧，这次考试这么简单，你都没有及格?! 你真是头大笨猪！不过，你上课不听讲，平时表现又不好，你再能考得好岂不是没天理?!

小林：就是啦。你上课东张西望的，害我也没法好好听讲。

小明：你们误解我了。我到处望，是想看看有没有谁听懂了能教我。

小强：哼！还有人愿意教你呢？谁呀？我倒想知道谁愿意教你呢！

小林：我也觉得是。你成天发脾气，哪里有人愿意跟你做朋友啊。别人见到你躲都躲不及，谁还来教你啊，这不是没事找事吗?!

小强：就是啊。你平时老得罪人，就拿上次班级篮球比赛为例，我输了你就批评我水平差。阿辉因为你那次批评都负气中止比赛了。

小明：切！本来就是他打得不好呀，打得不好就要批评啊！

小林：哼！你都没有为我们班比过赛，出过力，体育课的活动都很少参与。你成天不运动，跟猪一样，你是不是手脚有毛病啊？

小明：你说啥呢?!

小强：唉！不是我说你，你真的很多地方都得改呀。你这种性格，我估计老师也不喜欢你，看到你都像看到定时炸弹一样，不知道什么时候就点燃了。

小林：哈哈哈……我们都是为你好才讲给你听的哟。

小明：你们不是在批评我吗?!

第三幕

小明：小丽，你说小强和小林这么说我对不对呢？他们都说是为我好。

小丽：呃，你会不会接受他们的意见呢？我觉得他们有说得对的地方，也有不对的地方。

小明：哪些地方说得对呢？

同学，你认为小强和小林对小明说的话有哪些对的地方、哪些不对的地方呢？你会建议小明如何面对这些批评呢？请与你的组员讨论。

附件 3

教师参考资料

1. 小强和小林有哪些做得对和不对的地方?

对：指出小明有需要改善的地方和需要自我反省。

不对：批评态度不诚恳，批评语句带有攻击性和玩笑成分，没有体谅别人的感受，没有提出改善建议。

2. 小明的感受如何? 他是否应该接受小强和小林的批评?

这些恶意批评会给小明带来负面情绪：不开心、不接受、愤怒等。他应该接受他们的批评，因为他的行为的确有不好的地方。

面对恶意批评：应学习先控制情绪，细心聆听别人的批评，然后自我反省，分析判断批评的理由是否正确，最后决定是否接受。

3. 从小强和小林的批评中，小明有没有得到实际的帮助?

没有实际帮助，因为那些批评没有提供实际和有建设性的改善方法。

4. 有建设性、有帮助的批评在技巧和态度方面应该包含什么?

技巧：正面地指出别人需要改善的地方，如有可能，还应该提供一些改善的方法。

态度：应体谅别人的感受、有礼貌，说话不能有人身攻击和玩笑的成分。

附件 4

“我为你好” 讨论资料

如果你是小明的同学，你会如何批评和帮助小明改进？请为小明提出有建设性的批评。

请按抽到的纸条上的指示对小明的学业成绩、学业态度、待人态度和运动才能提出善意的批评。

________组：请对小明的学业成绩、学习态度提出善意批评。
________组：请对小明与同学相处的态度提出善意批评。
________组：请对小明的运动能力提出善意批评。
________组：请对小明对老师态度提出善意批评。

第二十二课

如何启齿？

本课概述

本课目的： 认识不同的道歉方法，鼓励学生养成道歉的习惯。

本课流程：

1. 【导入】引发学生对道歉的思考，引出主题。
2. 【活动一：谁做得好?】通过情景表演，帮助学生认识道歉的重要性。
3. 【活动二：创意工作坊】通过小组讨论，帮助学生掌握道歉的方法和技巧。
4. 【总结与反思】鼓励学生冒犯别人时要道歉，有需要时还应做出适当补偿。

教学目标

1. 掌握道歉的技巧（包括语言和非语言）。
2. 明白无论犯了什么性质和程度的错误，都应该先道歉，再考虑如何弥补。

教学重点

1. 引导学生认识道歉的重要性。
2. 帮助学生掌握道歉的技巧和方法。

教学难点

在活动二中，有些学生可能因发散性思维不强而想不出太多道歉和补偿的方法，教师应多加鼓励。

兴趣点

学生喜欢为他人提出有创意的道歉建议。

教学准备

1. “谁做得好？”情景表演资料（教师课前发给四位学生准备表演）。
2. “创意工作坊”各组讨论项目。
3. “创意工作坊”学生页。
4. 道歉锦囊。

教学过程

活动	步骤	教学工具	时间
导入	教师询问学生：大家有没有在公共交通工具上被人撞到或者踩到的经历？遇到这样的经历，对方有没有及时向你道歉？教师请学生自由回答。 教师再问：如果撞到或者踩到别人的人是你，你会不会道歉？为什么？ 学生回答后，教师进一步追问：如果不小心撞到别人，而你手中的饮料洒在了对方的新衣服上，你会怎么办？教师请学生自由回答。 教师总结学生的发言，指出：无论做错了什么，都应该道歉。如有必要，还应该为自己的过错付出相应的代价。所以，道歉不是泛泛地说“对不起”或“sorry”就够了。 【说明】教师可结合自身的例子，说明道歉的重要性，引出本课的主题。		3 分钟

续前表

活动	步骤	教学工具	时间
活动一：谁做得好?（通过情景表演，认识道歉的重要性）	教师先请两个学生演绎情景一，再请另外两个学生演绎情景二。 学生表演完毕，教师与全班讨论以下问题： 1. 你认为哪一个同学的道歉方式比较好？（学生可投票）为什么？ 2. 两个情景有哪些区别？（教师可提示学生从说话态度、面部表情和事后跟进等方面入手，找出两个情景的差异之处。在学生发表意见的同时，教师将他们的意见记录在黑板上。） 教师归纳学生的意见，进行小结：道歉的时候，应该注意自己的语言和动作。如果其中一方面欠缺诚意，道歉的效果就会大打折扣。 如有时间，教师可请另外两个学生用有诚意的道歉方式重新演绎情景一。 教师问：如果剧中的主角全都没有道歉，你会有什么感受？教师请学生自由回答，根据他们的分享，引导学生认识到道歉的重要性。 【说明】 1. 教师将学生发表的意见写在黑板上，以便在小结时带领学生一起归纳整理各种道歉技巧。 2. 如果学生建议使用报复行为或其他不当行为时，教师应予以劝阻。	附件 1：“谁做得好?”资料	15 分钟
活动二：创意工作坊（掌握道歉的方法）	教师按小组发放“创意工作坊”各组讨论项目及学生页。 每组对两个事件的严重程度打分，并为其中一个事件设计新颖的道歉方法，为另一个事件设计出补偿方法。 学生讨论完毕，教师请学生以小组为单位进行汇报展示。报告时，教师允许学生个性化地展示他们的方法，如小组代表示范、小组共同表演等。 教师对学生的汇报进行点评，赞赏他们富有创意的道歉方法。 教师小结： 1. 无论错误轻重，都需要道歉。 2. 如果我们的错误给对方造成了损失，我们在道歉之余还应当做出适当的补偿。 3. 我们的补偿不一定是物质上的，也可以是为对方做一些事情。补偿的目的是让对方明白我们的诚意，真心地道歉和悔改。	附件 2：“创意工作坊”各组讨论项目； 附件 3、4、5、6：“创意工作坊”学生页	20 分钟

续前表

活动	步骤	教学工具	时间
活动二：创意工作坊（掌握道歉的方法）	【说明】 1. 在讨论事后跟进部分时，教师应建议学生想出具体可行的方法，切勿天马行空，提出不切实际的方法。 2. 学生在讨论时可能只会想到物质方面的补偿，教师可引导他们设计一些非物质性的补偿方法，如慰问等。 3. 学生可将道歉方法和事后跟进一并讨论，把答案写在一起，其主要目的是希望学生明白我们要为自己的损失进行诚恳的道歉和尽可能地做事后跟进。 4. 教师可结合情景与学生探讨一些法律、道德和伦理问题，使学生明白做错事除了要道歉和弥补以外，还可以从中学习一些人情世故及做人的道理。	附件 2：“创意工作坊”各组讨论项目； 附件 3、4、5、6：“创意工作坊”学生页	20 分钟
总结与反思	教师总结： 1. 当我们冒犯了别人或者给别人造成了不方便时，无论事情大小，都应向对方道歉。 2. 道歉时不一定是刻板地说“对不起”，我们可以用不同的形式或者话语来表达歉意。同时，我们还要怀着诚恳的态度，这样才能真正达到道歉的目的。 3. 有需要的时候，应该为自己的错误做出适当的补偿。 教师课后赠送学生“道歉锦囊”，帮助学生掌握道歉的具体方法和技巧。	附件 7：道歉锦囊	2 分钟

附件 1

“谁做得好？” 资料

请尽可能逼真地把以下情景演绎出来。请演员尽量用表情、话语和明显的动作来表达歉意。

情景一：

临近考试，小青到小英家一起复习。离开的时候，小青因为急于回家吃晚饭，不小心打破了小英心爱的花瓶。小青事后只是很简单地向小英道歉，并笑着说自己要赶回家，然后就走了。

> 演绎提示：
>
> 演绎小青的同学应尽量用动作、语言及面部表情去凸显小青简单且缺乏诚意的道歉，以及她认为打破了别人的东西不是什么大事的态度。
>
> 演绎小英的同学应用动作、语言及面部表情显示自己的不开心、心痛以及对小青的态度感到不满和无奈。

情景二：

小李找小明借一天手机使用，却不小心给弄丢了。他立刻跟小明道歉，希望小明原谅他。他还写了一张道歉卡给小明，告诉小明等自己有足够的零花钱了就立刻买一个新的手机给他作为补偿。

> 演绎提示：
>
> 演绎小李的同学应尽量用动作、语言及面部表情去凸显她的歉意和诚恳的态度。
>
> 演绎小明的同学也应用动作、语言及面部表情表达他对小李的原谅。

附件2

“创意工作坊” 各组讨论项目

组　名	思考具有创意的道歉方式	思考补偿的方法
____ ____ ____ ____	向爸爸妈妈乱发脾气。 	打碎了朋友家中贵重的花瓶。 
____ ____ ____ ____	没有经过姐姐同意，就拿走了姐姐的音乐播放器。 	把别人的手机弄丢了。 
____ ____ ____ ____	没经过妈妈同意，就拿了妈妈的钱。  	美术课时，不小心把同学的衣服弄脏了。 
____ ____ ____ ____	上课迟到。 	欺负年幼的弟弟妹妹。 

附件 3

“创意工作坊” 学生页

组名：

____

____

____

____

请对以下事情的严重程度进行分级：最轻微用“★”，较严重的用“★★”，最严重的用“★★★”，共三级。然后为其中一项列出新颖的道歉方法，而另一项想出补偿方法。

事　件	严重程度
向爸爸妈妈乱发脾气。	
打碎了朋友家中贵重的花瓶。	

创意道歉

事件：向爸爸妈妈乱发脾气。

补偿方法

事件：打碎了朋友家中贵重的花瓶。

附件 4

“创意工作坊” 学生页

组名：

______

______

______

______

请对以下事情的严重程度进行分级：最轻微用“★”，较严重的用“★★”，最严重的用“★★★”，共三级。然后为其中一项列出新颖的道歉方法，而另一项想出补偿方法。

事　件	严重程度
没有经过姐姐同意，就拿走了姐姐的音乐播放器。	
把别人的手机弄丢了。	

创意道歉

事件：没有经过姐姐同意，就拿走了姐姐的音乐播放器。

补偿方法

事件：把别人的手机弄丢了。

附件 5

“创意工作坊”　学生页

组名：

____

____

____

____

请对以下事情的严重程度进行分级：最轻微用“★”，较严重的用“★★”，最严重的用“★★★”，共三级。然后为其中一项列出新颖的道歉方法，而另一项想出补偿方法。

事　件	严重程度
没经过妈妈同意，就拿了妈妈的钱。	
美术课时，不小心把同学的衣服弄脏了。	

创意道歉

事件：没经过妈妈同意，就拿了妈妈的钱。

补偿方法

事件：美术课时，不小心把同学的衣服弄脏了。

附件6

“创意工作坊” 学生页

组名：

______

______

______

______

请对以下事情的严重程度进行分级：最轻微用“★”，较严重的用“★★”，最严重的用“★★★”，共三级。然后为其中一项列出新颖的道歉方法，而另一项想出补偿方法。

事　件	严重程度
上课迟到。	
欺负年幼的弟弟妹妹。	

创意道歉

事件：上课迟到。

补偿方法

事件：欺负年幼的弟弟妹妹。

附件 7

道歉锦囊

了解自己错在哪里：考虑一下自己到底在哪里出了错，伤害到了他人。
直截了当地道歉：开诚布公地直接向对方道歉。可以用“对不起”、“我错了”等话向对方道歉，这种真诚坦白的态度容易得到对方谅解。
如果你觉得道歉的话说不出口，可以用别的方式来代替，如一束鲜花、一件礼物、道歉卡。
请别人代你道歉：如果自己不便于出面，可以将自己的歉意告知你们双方都熟悉的另一位朋友，请求他为你向对方道歉。
夸大自己的过错：你可以夸大自己的过错，并赞美对方。大多数人受到赞美后，都会不自觉地按赞美的话去做，而且你已经夸大自己的过错了，他不得不原谅你。
给对方发泄心中不快的机会：让对方骂你，将心中的怒气发出来，是挽回友谊的好方法。
文字道歉要诚恳：如用文字去道歉，须注意，过多情绪的字眼，并没有帮助。道歉的重点在于，发出清楚、直接、诚恳的道歉信息。

主题十二 遵守社会规则

社会规则是人们社会活动、社会行为的准则。它是人类为了共同生活的需要，共同制定并明确施行的，或是在社会互动过程中长期积累形成、约定俗成的规矩。社会规则既有文书统一意见的方式，也有不成文的、约定俗成的东西。遵守社会规则，是指个体认同社会规范，如风俗习惯、道德规范、法律、宗教规范等，发自内心地以规则作为自己行为活动的标准和依据，并在实际生活中自觉遵守，成为一种良好的行为习惯。

青少年正处于青春期和人生转折期，规则意识的树立有助于他们更好地适应社会，尽快地成长为合格的社会公民。然而，不少青少年常常以自我为中心，有时表现为规则意识淡漠，如看电影时大声接打电话，乘车时不遵守秩序、不尊重长辈等。因此，中学心理健康教育应从初一学生入手，教导他们遵守社会规则。

在初一的教材中，本主题将帮助学生在讨论道德及风俗习惯（包括礼节行为和日常规则）的过程中，了解并遵守社会规则。本主题下共两课，第一课着重教导学生了解社会规则，明白除了遵守法律外，还须注意并遵守行为规则；第二课引导学生了解不同社会群体的风俗习惯，认识人际交往的一些道德规则。

第二十三课 家有家规

本课概述

本课目的： 教导学生界定社会规则，识别日常生活中的行为规则，并了解在人际交往中所需要遵守的道德规则。

本课流程：

1. 【导入】引导学生发现规则的益处。
2. 【活动一：找找身边的规则】带领学生寻找和了解身边的规则。
3. 【活动二：家有家规】帮助学生认识到遵守规则的重要性。
4. 【总结与反思】鼓励学生遵守社会规则，成为受别人欢迎的人。

教学目标

1. 带领学生认识社会规则，了解遵守规则的重要性。
2. 帮助学生明白除了遵守法律法规以外，还需要遵守日常生活中的行为规范。

教学重点

1. 引导学生发现规则的重要性并认识身边的社会规则。
2. 帮助学生了解遵守规则的重要性。
3. 鼓励学生遵守规则。

教学难点

在活动一中，有的学生可能想不出来，教师可鼓励学生回忆身边的广告、标牌等以帮助他们思考。

兴趣点

学生对导入活动和表演环节很感兴趣。

教学准备

1. A4 白纸（每组一张）。
2. 尺、圆规（各一个）。
3. “家有家规”角色扮演资料（提前发给 5 位学生准备表演）。

教学过程

活动	步骤	教学工具	时间
导入	教师请两位同学到黑板前，一位同学徒手画一个长方形和一个圆，另一位同学以尺和圆规作为辅助工具画一个长方形和一个圆。然后让同学观察比较绘画后的差异，并提问：哪位同学画得好？为什么？（因为画得好的同学用了辅助工具） 教师语：通过比较，我们可以明显地看出差异，这种差异可以用中国的哪句古训来说明？（“无规矩不成方圆”）教师请学生解释对这句话的理解。 教师语：社会生活中处处都有规则，有的形诸笔墨，见于文字，有的传为口碑，约定俗成。它们规范着人们的行为，使我们的生活安全协调、井然有序。	尺、圆规	2 分钟

续前表

活动	步骤	教学工具	时间
活动一：找找身边的规则（引导学生了解身边的规则）	教师语：我们身边有很多的规则，你发现了吗？你能列举出多少不一样的规则呢？例如：小草在沉睡，不要踩醒它。 教师给每组发放一张 A4 纸，请小组成员共同讨论并将结果写在纸上（5 分钟）。学生讨论完毕，教师请小组代表汇报讨论结果，并请书写员将其记录在黑板上，重复的项目不用记。 教师带领学生欣赏黑板上的规则，引导学生认识到原来身边有很多规则需要大家共同去遵守。	A4 纸	15 分钟
活动二：家有家规（帮助学生认识遵守规则的重要性）	1. 角色扮演。 教师语：其实不仅我们身边有各种各样的规则需要我们去遵守，我们每个人家里也有各自的家规。现在请大家一起欣赏同学 D 家的家规吧。 教师请事先准备好的学生上台进行表演，表演时长为 5 分钟左右。演出时不能有不雅动作。在学生开始表演前，教师可以请演员简单介绍一下他们的角色，以便让在座的学生清楚人物关系。 【说明】 （1）教师提前将附件 1 交给学生准备表演，询问他们班里情况，如班里有的孩子家庭离异，教师可请学生让剧本一中的妈妈改成家中长辈。 （2）教师可根据实际情况，改用剧本二，但如无特殊情况，尽可能沿用剧本一。 （3）教师鼓励学生在剧情基础上自由创作。 2. 全班讨论。 教师带领全班学生讨论以下问题。 （1）当同学们做完作业离开后，D 的妈妈叮嘱 D 以后不要带同学回家。为什么？ （2）在学生分享过程中，教师可提示他们注意以下两点： 剧中人物的行为有哪些问题？为什么？ 剧中人物怎么做会更好？	附件 1：“家有家规”资料	20 分钟

续前表

活动	步骤	教学工具	时间
总结与反思	教师总结： 1. 有时候我们不接受某些事物，是因为社会上存在各种规则，这些规则使我们认为很多事是应该或不应该的，它们影响着每个人对事物的看法、反应和行为。 2. 遵守社会规则对建立个人与社会的正向联系是相当重要的。 3. 我们应了解自己身边常见的规则的意义、作用和重要性，并注意遵守这些规则。		3 分钟

附件 1

“家有家规” 资料

剧本一：一天，同学 A、B、C 相约一起到同学 D 家做作业。

1. 大家到了同学 D 家，D 要求大家脱掉鞋子。同学 A 和 B 脱了，但同学 C 毫不理会便走进屋内。

2. 同学们看见了 D 的妈妈。同学 B 和 C 立刻向阿姨问好，但同学 A 没有跟阿姨打招呼就径直走进同学 D 的房间。

3. 跟阿姨问好后，同学 C 便跟同学 D 进房，但同学 B 却自行走到厨房取了许多零食进屋。

4. 然后同学 A、B、C 便一起坐在同学 D 的房间吃零食、喝汽水。

5. 同学 D 出言阻止，要求他们只能在客厅吃喝，反而惹来同学 A、B、C 的不满。最后 D 只能把做作业的地点改为客厅里的饭桌。

讨论问题：当同学们完成作业刚离开，D 的妈妈就很不满地告诫 D 以后不要带同学回家。为什么？

剧本二：一天，朋友 A、B、C 和 D 相约一起逛街……

1. D 在没提前告知大家的情况下邀请了朋友 E 出来，大家为此有点不满。

2. 当 D 介绍 E 给 A、B、C 认识时，大家还是礼貌地打招呼了，但 C 对 E 不理不睬。

3. 大家一起逛街时，D 看到了橱窗内有一件自己很喜欢的衣服，于是驻足观看。B 看到了却大声批评 D 没有品位、眼光太差，D 感觉很不开心。

4. 又过了一会，大家突然发现 A 不见了。大家立刻紧张地寻找 A 并不停给 A 打电话。最终大家找到了 A，A 解释说因为肚子太饿就去找东西吃去了。最终大家不欢而散，决定取消接下来的活动提前回家。

讨论问题：这一天大家都很不开心。为什么？

第二十四课 入乡随俗

本课概述

本课目的：带领学生识别不同社会群体的风俗习惯，了解人际交往中的社会规则。

本课流程：

1. 【导入】引导学生认识违反风俗习惯可能带来的后果。
2. 【活动一：回民村一日游】带领学生思考不同文化下的风俗差异。
3. 【活动二：不同的规则我知道】带领学生归纳不同地方、不同文化的规则差异。
4. 【总结与反思】鼓励学生尊重和遵守社会规则。

教学目标

1. 帮助学生识别不同群体的风俗习惯。
2. 引导学生了解人际交往需要遵守的社会规则。
3. 带领学生认识到在陌生群体中违反民间风俗的后果。

教学重点

1. 分辨不同群体的风俗习惯。
2. 了解人际交往中需要尊重和遵守社会规则。

教学难点

有的学生会不太理解回民村的风俗习惯，教师应鼓励他们尊重对方的风俗习惯。

兴趣点

学生通常很乐意在一起共同探讨不同地区、不同文化的风俗习惯。

教学准备

1. “情景”资料。
2. “情景”资料答案（教师参考资料）。
3. “回民村一日游”学生页（每组一张）。
4. “回民村一日游”答案（教师参考资料）。

教学过程

活动	步骤	教学工具	时间
导入	教师播放 PPT，呈现三个违反风俗习惯的情景，并请学生猜猜片中人物正在想什么。 教师说出正确答案，并简单解释故事人物为何会有这种想法。	附件 1：情景； 附件 2：“情景”答案（教师参考资料）	5 分钟

续前表

活动	步骤	教学工具	时间
活动一：回民村一日游（思考文化差异所造成的风俗差异）	教师给每组发“回民村一日游”学生页，并向学生简单介绍故事背景：班里来了两位插班生，他们是一对亲兄妹。两个月后，兄妹俩邀请同学周末到他们居住的回民村（村里居民基本都是穆斯林）参加一个盛大活动。班上同学都很高兴。到了活动当天，有很多意料之外的情况发生…… 学生需为发生的突发事件思考出其背后的原因。 教师带领学生就每个问题展开讨论，思考遵守风俗习惯的原因和违反规则的后果，引导学生表达对这些规则的看法，与学生分享自己的观点。 【说明】 教师可以从以下两个方面讨论和引导： 1. 引导学生思考为何没有法律的约束，回民村居民却仍要遵守这些规则。 2. 引导学生讨论为何会发生这些意料之外的情况。	附件 3：“回民村一日游”学生页； 附件 4：“回民村一日游”答案（教师参考资料）	20 分钟
活动二：不同的规则我知道（集思广益找出不同社会群体的规则）	教师说明风俗习惯因文化差异而有所不同，并请学生举例证明。如： 1. 日本人在吃面时会发出“Shu”的声音来代表很好吃（越大声越好吃），而那种表达也是给厨师的赞美；中国人却认为那是很没有礼貌的行为。 2. 西方人结婚会以白色为主，因白色代表婚姻是圣洁的；中国人的传统婚嫁是以红色为主，代表吉利，而白色往往在丧事才用。 教师请学生分组讨论，各自找出 2～3 条不同群体的风俗习惯，并请小组代表进行全班分享。教师对他们的合作与分享表示赞赏。		12 分钟
总结与反思	教师总结： 1. 回民村有自己本身的传统、规则及道理，虽然这些大多不受法律条文约束，但我们仍需要遵守。 2. 我们在日常生活中，很多时候会遇到类似的情况，我们除了要遵守法律之外，还要尊重及遵守社会、文化及传统规范。		3 分钟

附件 1

情景

情景一：

升旗仪式上，全体同学在老师的带领下，排着整齐的队伍，穿着整洁的校服，正朝着冉冉升起的五星红旗行注目礼。现场庄严肃穆，鸦雀无声。这时，一个穿着背心和短裤的男生横冲直撞地冲进了队伍，大家为之侧目。

情景二：

校园里，所有同学都穿着校服，素面朝天，轻言细语。但一个女生却显得特别惹眼，她穿着小短裙，化着大浓妆，大声与周围的男生打闹嬉戏。大家纷纷避而远之。

情景三：

夏日炎炎，大家都在泳池游泳，突然有一个穿着套装的人出现在泳池。

附件 2

“情景”答案（教师参考资料）

情景一：

升旗仪式上，全体同学在老师的带领下，排着整齐的队伍，穿着整洁的校服，正朝着冉冉升起的五星红旗行注目礼。现场庄严肃穆，鸦雀无声。这时，一个穿着背心和短裤的男生横冲直撞地冲进了队伍，大家为之侧目。

建议情景答案：其他同学对他的看法是，有没有搞错啊！

情景二：

校园里，所有同学都穿着校服，素面朝天，轻言细语。但一个女生却显得特别惹眼，她穿着小短裙，化着大浓妆，大声与周围的男生打闹嬉戏。大家纷纷避而远之。

建议情景答案：其他同学对她的看法是，这个人这样真的美吗！

情景三：

夏日炎炎，大家都在泳池游泳，突然有一个穿着套装的人出现在泳池。

建议情景答案：其他泳客对他的看法是，这个人是不是热傻了啊！

附件 3

“回民村一日游” 学生页

班里来了两位插班生，他们是一对亲兄妹。两个月后，兄妹俩邀请同学周末到他们居住的回民村（村里居民基本都是穆斯林）参加盛大的开斋节仪式。班上同学都很高兴。到了活动当天，有很多意料之外的情况发生……

1. 大家在空地看了很多不同的表演和传统的开斋节仪式。仪式举行时，所有回民村居民都保持安静，可是，有些同学却高谈阔论。回民村的居民对此很不满，因为：

____

____

2. 表演完毕，同学们来到兄妹俩家，坐在炕上等着进餐。家里长辈请兄妹俩拿出牛羊肉和油果馓子来招待他们。但是，妹妹却说她不能这样做，因为：

____

____

3. 饭后，一个同学提议兄妹俩带领大家游览回民村……

4. 众人看到村里男女老少穿着各异，觉得非常新奇。一个心直口快的同学喊了声：“回回”跟我们就是不一样！哥哥听到这话，立刻要求这位同学不要这样说，因为：

____

____

5. 同学们看到村子里有一口水井，觉得很新奇，要求妹妹打水供他们洗手。妹妹拒绝了，因为：

____

____

附件 4

“回民村一日游” 答案（教师参考资料）

班里来了两位插班生，他们是一对亲兄妹。两个月后，兄妹俩邀请同学周末到他们居住的回民村（村里居民基本都是穆斯林）参加盛大的开斋节仪式。班上同学都很高兴。到了活动当天，有很多意料之外的情况发生……

1. 大家在空地看了很多不同的表演和传统的开斋节仪式。仪式举行时，所有回民村居民都保持安静，可是，有些同学却高谈阔论。回民村的居民对此很不满，因为：

同学们没有尊重开斋节仪式，并且轻视回民村的风俗习惯。

2. 表演完毕，同学们来到兄妹俩家，坐在炕上等着进餐。家里长辈请兄妹俩拿出牛羊肉和油果馓子来招待他们。但是，妹妹却说她不能这样做，因为：

回族就餐时，长辈要坐正席，晚辈不能同长辈同坐在炕上，须坐在炕沿或者凳子上。

3. 饭后，一个同学提议兄妹俩带领大家游览回民村……

4. 众人看到村里男女老少穿着各异，觉得非常新奇。一个心直口快的同学喊了声：“回回”跟我们就是不一样！哥哥听到这话，立刻要求这位同学不要再这样说，因为：

回民希望被叫“回民”，而不是“回回”，后一种叫法会让他们感觉不被尊重。

5. 同学们看到村子里有一口水井，觉得很新奇，要求妹妹打水供他们洗手。妹妹拒绝了，因为：

凡供人饮用的水井、泉眼，不许任何人在附近洗脸、洗衣服，且取水前一定要洗手。

主题十三 参与公益活动

参与公益活动对青少年的健康成长和社会发展十分重要。在参与公益活动的过程中，青少年会有正面的自我评价，掌握更多社交技巧并较少参与反社会行为。

“公益活动”是指捐款、义工服务、协助他人等行为，是亲社会行为的一种，是对他人和社会有益的行为，经常以帮助、合作、分享、同情、安慰、捐赠、自我牺牲等作为亲社会行为的代表，强调“利他性”特征。与亲社会行为刚好相反的是反社会行为，即一些不当、破坏或偏差行为，例如偷窃、滋事逃学等。了解并参与公益活动一方面可以鼓励亲社会行为，支持及接纳社会规范，另一方面亦能有效预防反社会行为及减少参与越轨活动的机会。

对于初一的学生，“参与公益活动”注重提升他们对公益活动的认知，鼓励他们多参与学校和社会所举办的公益活动。该主题共有两节课，第一课时让学生认识什么是公益活动，了解公益活动对自己和社会带来的益处和价值，能够区分亲社会行为和反社会行为。第二课时让学生识别一些在学校和社区举行的公益活动，发现这些活动给学校和社区带来的正面效果和积极意义，培养学生多参与这些活动。

第二十五课 认识公益活动

本课概述

本课目的：了解参与公益活动对个人和社会发展的贡献。

本课流程：

1.【导入】通过提问是否有参加过公益活动的经历，引发学生思考，切入本课主题。

2.【活动一：小侦探——公益活动大搜索】通过寻找公益活动，对公益活动有初步的了解和认识。

3.【活动二：采访小达人——公益问答】通过分发问卷和收集问卷答案，在采访别人的同时，进一步思考公益活动的内涵，以及对个人和社会发展的贡献。

4.【总结与反思】回顾本课内容，总结收获。

5.【延伸活动：如果……】通过提问不文明现象、反社会行为的危害和消极方面，启发学生对反社会行为的思考。

教学目标

1. 了解公益活动的定义。
2. 明白参与公益活动对个人和社会发展的贡献。

教学重点

1. 分辨公益活动，并将公益活动与日常生活联系起来。
2. 能够认识到公益活动是亲社会行为，对个人和社会都有好处。

教学难点

活动二对于学生的表达能力以及人际交往能力要求较高，教师根据班级的情况，可以针对性地提前做一些练习。

兴趣点

在活动二中，扮演采访者的角色这一点会有新奇性，学生的心情会较激动兴奋。

教学准备

1. 公益活动以及其他活动的图片（老师可结合当地实际，选择图片）。
2. “活动分类”学生页。
3. “活动分类”参考答案（教师参考资料）。
4. “公益活动问卷”学生页。
5. “公益活动问卷”例子（教师参考资料）。

教学过程

活动	步骤	教学工具	时间
导入	教师问：同学们参加过公益活动吗？参加过什么样的公益活动？ 请同学分享自己的经历。 教师小结：公益活动其实离我们的生活很近，我们认真回想一下的话，一定会找到它们的影子。		2 分钟

续前表

活动	步骤	教学工具	时间
活动一：小侦探——公益活动大搜索（认识公益活动，区分公益活动和其他类型的活动）	1. 公益活动大搜索。 （1）在PPT上依次展示多种活动的图片（共15张）。 （2）发给学生每人一张“活动分类”学生页，在老师播放图片时填写分类。 （3）小组成员进行统一填答，选出代表分享本组的结果。 （4）每小组选出一张公益活动图片，针对该公益活动，讨论三个问题： 图片的内容是什么？ 谁是这项公益活动中的受益者？ 这项公益活动对社会有哪些贡献？ 2. 小组汇报。 3. 教师小结。 （1）公益活动有很多种，涉及生活的方方面面。 （2）公益活动的对象一般是那些“需要帮助的人”，例如残障人士、孤寡老人、遭遇重大自然灾害的灾民等。 （3）在公益活动中，受益者包括接受帮助的人和实施帮助的人。 **【说明】** 1. 在讨论谁是受益者时，学生可能只会把讨论重点放在受助者上，要引导学生同时考虑到志愿者和受助者双方的收获，认识到公益活动不仅帮助到了“需要帮助的人”，同时也让实施帮助的一方获得了感动和成长。 2. 选取图片时，要结合当地实际情况。	附件1：公益活动以及其他活动的图片； 附件2：“活动分类”学生页； 附件3：“活动分类”参考答案（教师参考资料）	15分钟
活动二：采访小达人——公益问答（通过互相访问，了解公益活动对于个人和社会的贡献）	1. 公益问答。 （1）学生两人为一组，一人为采访者，另一人为受访者，第一轮结束后，互换角色。 （2）老师介绍本问卷的目的及内容：通过访问了解同学如何看公益活动等四个问题，并且将其记录在问卷上。 （3）一轮访问结束，进行第二轮访问。 （4）访问完毕后老师收集已完成的问卷。 2. 全班讨论。 在收到的问卷当中，老师随意抽出一些作例子，引导学生讨论和思考以下问题：	附件4：“公益活动问卷”学生页； 附件5：“公益活动问卷”例子（教师参考资料）	15分钟

续前表

活动	步骤	教学工具	时间
活动二：采访小达人——公益问答（通过互相访问，了解公益活动对于个人和社会的贡献）	● 是否同意该活动为公益活动？ ● 同意或不同意该活动是公益活动的原因。 ● 该活动对社会的重要性及贡献。 3. 教师小结。 （1）对学生参与的公益活动给予正面回应，肯定其对社会的贡献。 （2）鼓励学生在课余时间多参加公益活动。	附件 4：“公益活动问卷”学生页； 附件 5：“公益活动问卷”例子（教师参考资料）	15 分钟
总结与反思	1. 教师提问，学生分享。 （1）本节课中让你印象最深刻是什么？ （2）你有什么感受？ （3）今天的收获对你有什么启发吗？ 2. 教师小结。 （1）公益活动对于个人和社会的贡献是巨大的。 （2）作为学生，我们也可以思考自己的能力，发现自己能为公益活动做些什么，积极参加公益活动。		3 分钟
延伸活动：如果……（通过提问反社会行为的危害和消极方面，启发对反社会行为的思考）	1. 如果…… （1）启发学生想象，如果没有了我们所讨论的公益活动，并且不文明现象频发，反社会活动猖獗，社会和人们的生活将会变成什么样子。 （2）请同学分享答案及感受。 2. 教师小结。 （1）不文明现象在生活中处处发生，行为文明且遵守社会规范是亲社会的一种。 （2）公益活动给个人和社会带来了温暖和爱心。 （3）应从自我做起，规范自己的行为，多多参与公益活动。 **【说明】** 1. 反社会活动举例应贴近实际，不可过于极端，不宜举“恐怖分子”、“世界末日”的例子。 2. 引导学生对于不文明现象和反社会行为说不，为亲社会的公益活动贡献自己的一份力。 3. 结合活动一的图片解释一下反社会行为，包括不当行为、不良行为、破坏行为或偏差行为。其特点是，对他人造成不同程度的伤害及损害他人的利益。		15 分钟

附件 1

公益活动以及其他活动的图片

图 1

图 2

图 3

图 4

图 5

图 6

图 7

图 8

图 9

图 10

图 11

图 12

图 13

图 14

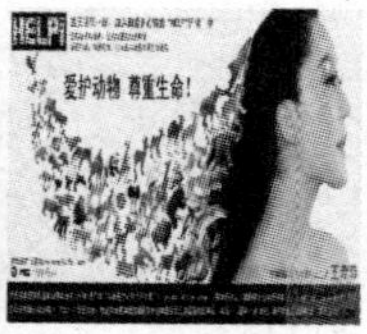

图 15

附件 2

“活动分类” 学生页

活动分类	
1. 属于公益活动的有：	
2. 属于不文明行为的有：	
3. 属于反社会的活动有：	

附件 3

“活动分类” 参考答案 （教师参考资料）

活动分类	
1. 属于公益活动的有：	1、3、5、6、8 、9 、12 、14 、15
2. 属于不文明行为的有：	2、4、7 、10
3. 属于反社会的活动有：	11、13

附件 4

“公益活动问卷” 学生页

采访者：××，你好，我是××中学的学生，在做一个关于公益活动的调查，想请你回答一下以下四个简单的问题。

问题	受访者 1	受访者 2
1. 请举出一个公益活动的例子。		
2. 请问这一公益活动对社会有什么贡献？		
3. 请问你是否参与过任何种类的公益活动？（请记下活动类型。如受访者没有此经验，请结束访问。）		
4. 请问你在参与活动后，有何感受或感想？		

附件 5

"公益活动问卷" 例子（教师参考资料）

问题	例子一	例子二
1. 请举出一个公益活动的例子。	世界动物日	为贫困山区儿童捐生活用品
2. 请问这一公益活动对社会有什么贡献？	保护自然环境，保护动物	可以让山区儿童更好地生活，长大为社会做贡献
3. 请问你是否参与过任何种类的公益活动？（请记下活动类型。如受访者没有此经验，请结束访问。）	无	捐赠过旧衣服和文具
4. 请问你在参与活动后，有何感受或感想？	无	想到自己可以帮助别人，心里很高兴，因为能够给别人带来温暖

第二十六课 出发吧！公益

本课概述

本课目的：了解学校和社区举行的公益活动及其贡献，鼓励学生参与到学校和社区公益活动之中。

本课流程：

1.【导入】头脑风暴：适合在学校进行的公益活动有哪些？引发学生思考，切入本课主题。

2.【活动一：出发吧！公益】通过了解并宣传学校公益活动，对学校公益活动的贡献有所认识。

3.【总结与反思】回顾本课内容，总结收获。

4.【延伸活动：社区任我行】鼓励学生留意社区内的公益活动，对社区公益活动有所认识和了解。

教学目标

1. 了解学校和社区的公益活动，并认识到公益活动对学校和社区带来的好处。
2. 鼓励学生积极参与学校和社区的公益活动，贡献自己的一份力量。

教学重点

1. 掌握学校公益活动的目的，意义及影响。
2. 了解社区公益活动对社区的贡献。

教学难点

活动一“出发吧！公益”，对于学生的综合分析能力以及创新性要求较高。

兴趣点

在活动一“出发吧！公益”中，独立策划活动这一点可以激发学生的热情。

教学准备

1. “活动流程图”学生页。
2. “活动流程图”例子（教师参考资料）。
3. 投票用选票。
4. 若干彩笔 、A3 纸。

教学过程

活动	步骤	教学工具	时间
导入	教师问：适合在学校举办的公益活动有哪些？ 学生进行小比赛：在两分钟内，写出最多公益活动的小组胜出。可继续请同学们分享：是否参加过以上活动？哪个活动是自己最喜欢或印象深刻的？原因是什么？ 教师小结：学校开展的公益活动还是有很多种类的，同学们会对这些活动有自己的理解和感受，鼓励同学们提出自己的想法和建议。		2 分钟

续前表

活动	步骤	教学工具	时间
活动一：出发吧！公益（了解学校内举行的公益活动，体会其带来的贡献）	1. 出发吧！公益。 （1）提出各小组任务。学校要求每一班轮流（必须是全班学生合作）组织一项公益活动，让全校学生一起参加。每组学生策划一项公益活动，并思考以下问题： ● 该活动有什么好处？ ● 为什么它最适合由一个班共同组织呢？ ● 为什么该活动适合全校学生参与？ 老师提醒学生要创作新的活动，这些活动以往从未在学校举行过。 （2）发给每组一张“活动流程图”学生页，让每组按照此流程图策划活动。 （3）设计宣传海报，能够体现该公益活动的特点及创新性，吸引眼球。 （4）小组选出宣传委员，向其他同学介绍该组选择此公益活动的原因及对学校的贡献。 （5）派发选票（每位学生一张），并请学生在选票上填上先前汇报中最喜爱的公益活动。 （6）收集选票，点票，宣布投票结果。 2. 教师小结。 （1）学校举行公益活动的目的是为了把我们共同的家——学校建设得更加温暖和谐。 （2）在学校公益活动中，同学之间的关系以及师生之间的关系会更加融洽，从而实现共同进步。 **【说明】** 1. 在思考创新性的公益活动时，如学生有困难，老师可做一些启发，引导其思考对学校环境和公共设施有积极影响的活动。组织并服务于公益活动，如粉刷外墙、绿化校园；也可以是以志愿者身份参与以下活动，如外语日、歌唱比赛、手工制作、厨艺展示等等。 2. 在投票的过程中，为了本组能够获胜，组内成员可能只会投本组的公益活动，即使他觉得其他的活动更好。老师应提前说明本投票结果没有输赢，我们的目的是推选出真正对学校有贡献的公益活动。	附件1：“活动流程图”学生页； 附件2：“活动流程图”例子（教师参考资料）； 附件3：投票用选票； A3纸、彩笔	30分钟
总结与反思	1. 教师提问，学生分享。 （1）本节课中让你印象最深刻的是什么？ （2）你有什么感受？ （3）今天的收获对你有什么启发吗？		3分钟

续前表

活动	步骤	教学工具	时间
总结与反思	2. 教师小结。 (1) 学校公益活动就发生在我们的日常学习生活中。 (2) 学校公益活动不仅为我们的学校做出了贡献，而且也为我们个人的生活带来了美好和温暖。 (3) 应多多参加学校公益活动。		3 分钟
延伸活动：社区任我行（鼓励学生留意社区内的公益活动，加深对社区的了解）	1. 社区任我行。 (1) 请学生未来一周到住处附近的社区中心，收集一些社区公益活动的宣传页，并且选取其中一项活动参与。 (2) 请学生分享参与公益活动的感受。 (3) 请学生思考所参与的公益活动对社区有哪些贡献并分享。 2. 教师小结。 (1) 社区举办的公益活动也是多种多样的，目的是社区的安定团结、社区居民们的和谐相处。 (2) 鼓励学生多多参与社区公益活动。		15 分钟

附件 1

“活动流程图” 学生页

组名	
服务对象/体验议题	
对服务对象/体验议题的初步认识	
需要进一步了解的地方	
可以通过什么方法或渠道收集更多资料	
如何可以接触到他/它们	
服务对象的情况	
服务对象的需要	
我们可以做什么	
体验/服务方式的讨论	目标： 安全考虑： 资源考虑： 人员分工考虑： 可能出现的困难：

附件 2

"活动流程图"例子（教师参考资料）

组名	×××组
服务对象/体验议题	安保人员/垃圾分类
对服务对象/体验议题的初步认识	工作时间多少/学校垃圾分类的状况
需要进一步了解的地方	薪酬多少？所负责的工作都有哪些？/垃圾分类的具体状况如何？
可以通过什么方法或渠道收集更多资料	向学校保卫处了解更多资料/通过网上查找相关资料
如何可以接触到他/它们	观察法和访谈法/实地考察以及询问学校负责卫生的部门
服务对象的情况	年龄、家庭情况、已工作的时间/实地调查的垃圾分类状况
服务对象的需要	生活和工作上的一些帮助/需要规范的分类说明以及整洁的垃圾分类处
我们可以做什么	慰问、工作上的赞美/在校园宣传垃圾分类的环保意识、购置垃圾分类的设施
体验/服务方式的讨论	目标：给安保人员带去夏日里的一缕清凉/校园实现垃圾合理分类 安全考虑：在校内举行的公益活动，要注意避开师生密集活动的地方，以免发生拥挤踩踏事件。 资源考虑：时间、资金、活动场地 人员分工考虑：组织者、宣传员、采购员、记录者、财务人员 可能出现的困难：天气状况；资金不够；场地得不到批准；人员不足

附件3

投票用选票

选票	选票	选票
活动： 原因：	活动： 原因：	活动： 原因：
选票	**选票**	**选票**
活动： 原因：	活动： 原因：	活动： 原因：

图书在版编目（CIP）数据

成长心路．初一分册/《成长心路》编委会主编．—北京：中国人民大学出版社，2016.4
中学生心理健康教育系列教材
ISBN 978-7-300-22477-0

Ⅰ.①成… Ⅱ.①成… Ⅲ.①心理健康—健康教育—初中—教材 Ⅳ.①G479

中国版本图书馆 CIP 数据核字（2016）第 029553 号

中学生心理健康教育系列教材
成长心路（初一分册）
《成长心路》编委会　主编
Chengzhang Xinlu（Chu-yi Fence）

出版发行　中国人民大学出版社
社　　址　北京中关村大街 31 号　　　　**邮政编码**　100080
电　　话　010－62511242（总编室）　　010－62511770（质管部）
　　　　　010－82501766（邮购部）　　010－62514148（门市部）
　　　　　010－62515195（发行公司）　　010－62515275（盗版举报）
网　　址　http://www.crup.com.cn
　　　　　http://www.ttrnet.com(人大教研网)
经　　销　新华书店
印　　刷　涿州市星河印刷有限公司
规　　格　215 mm×275 mm　16 开本　　**版　　次**　2016 年 4 月第 1 版
印　　张　13.5 插页 1　　**印　　次**　2016 年 4 月第 1 次印刷
字　　数　160 000　　**定　　价**　35.00 元
